Mit tatkräftiger Unterstützung durch meine liebe Ehefrau!

Herbert Alt

Z U
K R E U Z E
F
A
H
R
E
N
...

auf Newa und Wolga

von Sankt Petersburg bis Moskau
~ 2 Metropolen und 1771 Flusskilometer in 11 Tagen ~

Bibliografische Information der Deutschen Nationalbibliothek:

Die Deutsche Nationalbibliothek verzeichnet diese Publikation in der Deutschen Nationalbibliografie; detaillierte bibliografische Daten sind im Internet über http://dnb.dnb.de abrufbar.

1. Auflage 2018/10

Herstellung und Verlag: BoD – Books on Demand, Norderstedt

ISBN 9-783748-131861

Von Meer auf Fluss

Norwegen, Ostsee und Westeuropa; unsere Seereisen in den letzten Jahren waren sehr unterschiedlich. Klima, Landschaft, Bevölkerung und Schiffe hinterließen ganz verschiedene Eindrücke bei uns – also meiner Frau Traudl und mir –, und jede Reise war herrlich! Aber irgendwie haben wir anscheinend im Freundeskreis so sehr davon geschwärmt, dass inzwischen ein deutliches Interesse daran entstanden ist, doch mal selbst die ‚große Seefahrt' kennenzulernen. Bei einem unserer regelmäßigen Stammtisch-Treffen wurde also heftig darüber diskutiert, wer sich wann und wo mit uns auf dieses Abenteuer begeben würde. Jedoch blieb bei einigen Freunden eine gewisse Skepsis, ob sie denn überhaupt seefest sind. Wäre da vielleicht zum Einstieg eine Fahrt auf einem Fluss nicht doch sicherer?

Nun, für uns gäbe es noch eine ganze Reihe lukrativer Ziele auf den sieben Meeren unseres Globusses. Aber warum nicht auch mal auf einem Binnengewässer? Weil die Schiffe deutlich kleiner sind? Eigentlich kann das kein Grund für uns sein, denn wir haben ja auch bei den Kreuzfahrtschiffen immer Wert darauf gelegt, möglichst nicht die großen Pötte zu buchen. Die ‚klassischen' Dampfer haben uns immer mehr das Gefühl der Seefahrt vermittelt. Wenn wir etwas zur Unterhaltung besuchen wollen, dann gibt es ja auch in unserer Nähe einige Vergnügungsparks, und dann könnten wir auf das nicht ganz billige Unternehmen ‚Kreuzfahrt' verzichten. Entweder – oder! Es fällt uns immer schwer die Leute zu verstehen, die eine Reise mit einem der riesigen Luxus-Spaß-Vergnügungs-Sport-und-Freizeit-Dampfer unternehmen und bei der Fahrt am liebsten gar nie das Schiff verlassen. Aber das ist sicher Ansichtssache, und über Geschmack darf man ja auch nicht streiten!

Wollen wir mal auf die Binnenschifffahrt umsteigen? Einen Versuch wäre es wohl wert, quasi probehalber. Bis zu unserem nächsten Stammtisch wollten wir jedenfalls mal ein paar Vorschläge einholen und dann den Interessierten präsentieren.

~.~.~.~.~

Begleiten Sie uns auch auf unserer vierten Reise auf einem Schiff. Diesmal soll es eine Flusskreuzfahrt werden, und da gibt es auch viele Ziele, die uns ansprechen würden. Aber wohin soll es gehen? Der Titel verrät es schon: ins ideologisch weit entfernte und doch geografisch ziemlich nahe Russland.

Kommen Sie mit an Bord der ‚Alexander Borodin'!

Ihr Herbert Alt

Inhalt

... da waren's nur noch sechs!

Es ist Freitag, zweiter Freitag im Monat. Das ist der Tag, an dem sich unser 15-köpfiger Ex-Kegelklub regelmäßig zu einem gemütlichen Beisammensein trifft; man könnte auch ‚Stammtisch' sagen. Dabei geht es in erster Linie ums Essen, in zweiter dann um Enkel, und in dritter vielleicht um Urlaub.

Heute ist es anders; zumindest die Reihenfolge hat sich geändert. Statt zunächst einen vertiefenden Blick in die Speisekarte des Lokals zu werfen, kommt schon kurz nach der Platzwahl die Frage auf, ob mein letztes Buch nun fertig sei, und was wir uns fürs nächste Jahr vorgenommen haben. Genau mit dieser Frage beschäftigen wir uns seit ein paar Tagen auch, sind aber selbst noch zu keinem Ergebnis gekommen.

Da ergreift Traudl die Initiative und wirft eine provokante Frage in den Raum: „Will nicht vielleicht mal jemand mit uns mitfahren?" Nach einer kurzen Schrecksekunde setzt die Diskussion ein. Und ein deutliches „Ja, aber...." ist zu spüren. Die einen haben schon Pläne für die weitere Zukunft gemacht. Die nächsten müssen sich um Hund und Enkel kümmern. Andere können aufgrund familiärer Verpflichtungen nicht langfristig planen.

Aber von zwei Paaren kommen nur so unbedeutende Sorgen wie „Bin ich denn überhaupt seefest?", oder „Wenn ich gar kein Land mehr sehe, fühle ich mich nicht wohl!" Und diese Bedenken können wir sehr schnell mit einem auch für uns neuen Vorschlag entkräften: „Was haltet ihr erst mal von einer Flusskreuzfahrt?" Zunächst verhaltene, aber dann doch deutliche Zustimmung ist die Reaktion auf diese Idee. „Wisst ihr was?", stoße ich in die Denkpause vor, „Traudl und ich suchen mal ein paar Vorschläge aus unseren Katalogen aus und bringen die beim nächsten Treffen mit. Dann schauen wir mal, welche Richtung uns allen am ehesten zusagt!"

~.~

Zuhause schnappen wir uns gleich am nächsten Tag den Phoenix-Katalog, denn den bekommen wir als ‚alte Kunden' schon immer sehr früh für das kommende Jahr zugeschickt, meist noch ehe die Prospekte in die Reisebüros kommen. Außer den Weltreisen und Fahrten in Küstennähe sind auch viele Flusskreuzfahrten in diesen Heften aufgeführt, und spontan sticht uns ein Angebot auf der Seine ins Auge, von Paris bis an die Küste und zurück. Aber eigentlich wollte Traudl immer zu den Loire-Schlössern, dorthin gibt es aber keine Kreuzfahrten. Ich denke dagegen an unsere letzte Reise, auf der wir am portugiesischen Porto einfach vorbeigefahren sind. Dort gibt es eine Strecke auf dem Duoro von der spanischen Grenze bis zur Mündung bei Porto zu verschiedenen Terminen. Meine Frau denkt noch eine Reise weiter zurück, an die Ostsee. „Sankt Petersburg war doch so schön. Da möchte ich auch nochmal hin!" Tatsächlich, sogar in Russland werden Flussschifffahrten angeboten, von der Ostsee bis nach Moskau oder andersherum. Und dazu sind immer noch zwei Tage in den großen Städten eingeplant. Bei dieser Auswahl lassen wir es mal bewenden, sonst fällt die Entscheidung nur noch schwerer.

Also drucke ich die drei Reisen aus, und das in dreifacher Ausfertigung. So ausgerüstet, warten wir nun den nächsten Stammtisch in rund vier Wochen ab.

~.~

Beim nächsten Treffen kommt neben dem allgemeinen Getratsche natürlich auch wieder die Frage nach der potentiellen Kreuzfahrt auf. Heute sind mal nicht alle Freunde bei unserem Treffen dabei; anderweitige Verpflichtungen hat unser Häuflein auf die Hälfte schrumpfen lassen. Von einem interessierten Paar konnte nur er kommen, das andere Paar ist aber komplett. Traudl und ich erläutern kurz unsere Vorauswahl und wir erkennen schnell, dass es einen Favoriten gibt: Russland! Portugal ist entweder schon zu bekannt oder noch viel zu unbekannt, und mit Französisch kann wohl auch kaum Jemand unserer Gruppe punkten. „Aber russisch kann doch auch niemand!" ist nur ein schwacher Einwand von mir, denn offensichtlich überwiegen andere Vorteile wie ‚schöne Klöster', ‚interessante Städte' und ‚darüber will ich mehr wissen'.

Wann? Im nächsten Jahr, das war von vorneherein klar. Aber nun müssen die Terminkalender zu Rate gezogen werden. „Nicht im August oder September!" kommt von einer Seite, „Nicht in den Pfingstferien!" stellt unser Strohwitwer Manfred fest. Ich schaue Traudl und meinen Kalender fragend an, und beide haben im Juli noch nichts Großes vor. Also beschließen wir folgendes Vorgehen: Wenn alle noch eine Nacht darüber geschlafen haben, sollen sie mir Bescheid geben. Ich schaue dann in den nächsten Tagen mal bei unserem Reiseberater vorbei, der uns bisher immer die besten Angebote aus der Unmenge von Reisezielen herausgesucht oder zumindest gebucht hat. Wenn er auf der bewussten Strecke und im vorgegebenen Zeitraum ein Angebot machen kann, soll er es mir sofort mitteilen, damit ich das ‚ok' der anderen einholen kann. Und dann wird schon etwas zusammengehen.

~.~

Alle sind einverstanden, und auch die nicht beim Stammtisch anwesende Irmgard hat ihren Segen erteilt. Herr F. wird am nächsten Tag dann auch schnell fündig. Am 11.Juli gibt es auf der ‚Alexander Borodin' auf dem Oberdeck drei nebeneinanderliegende Kabinen am Ende des vorderen Drittels an Steuerbord; die Reise geht von Sankt Petersburg weg und über Ladoga- und Onega-See bis Moskau. Preise inklusive der Flüge und Visums-Informationen druckt er mir aus, und damit starte ich meinen Rundruf an die beiden Paare. Auch hier bleibt es dabei: Wir fahren zu sechst ins unbekannte Russland!

Datenschutz?

Wie erwartet, kaum acht Tage nachdem wir die Option in unserem Reisebüro veranlasst und nicht mehr widersprochen haben, quillt unser Briefkasten über. Ein dickes Paket von unserem Reiseveranstalter liegt darin und wird von uns sofort neugierig untersucht. Neben der zweiseitigen Buchungsbestätigung befasst sich das meiste Papier mit den zu erledigenden Visumsformalitäten. Dass für Russland eine derartige Reiseerlaubnis nötig ist, war uns ja schon immer bekannt, aber welche Fragen wir ausführlichst zu beantworten haben, und wie wir die Antworten oft auch belegen müssen, das erstaunt uns doch sehr.

Gut – dass die persönlichen Daten jedes Reisenden abgefragt werden und das Visum irgendwie in unsere Reisepässe hineinkommen muss, das ist klar. „Die wollen auch alles über unsere Einkommensverhältnisse wissen!?", wundert sich Traudl sofort. Wir sind zurzeit beide ohne feste Arbeitgeber und daher auch nicht mit großen regelmäßigen Zahlungseingängen gesegnet. Wie soll ich das den Russen klarmachen? Offensichtlich braucht die Visumsbehörde einen Nachweis, dass wir dem russischen Staat nicht vielleicht später auf der Tasche liegen bleiben. „Sollen wir denen unsere gesamten Ersparnisse erzählen?", frage ich skeptisch meine Frau,

„Das will ich aber auf keinen Fall. Wer weiß, wer diese Daten in die Finger bekommen wird!"

Während wir noch überlegen, klingelt das Telefon. Angelika, kurz Geli genannt, ist am anderen Ende. Das dritte Paar auf der bevorstehenden Reise hat heute also auch die gleiche Post bekommen. Auch sie ist erst mal etwas ratlos. Aber ich kann sie vorläufig beruhigen, denn ich habe schon gelesen, dass wir die Visaanträge frühestens 16 Wochen vor Reisebeginn einsenden sollen, und jetzt ist noch über ein dreiviertel Jahr bis dahin. Es bleibt also genügend Zeit, die Anträge entsprechend zu ‚frisieren‘. Fragen wir doch erst mal in unserem Bekanntenkreis, wer diese Prozedur schon über sich gebracht hat, und vor allem wie.

Das weitere Studium der Unterlagen fördert eine ganze Liste von Aufgaben zu Tage, die es abzuarbeiten gilt. Zusammen mit den Reisepässen, die noch eine Mindestlaufzeit von sechs Monaten nach unserer Rückkehr haben müssen, braucht die Behörde noch ein Passbild, einen ausgefüllten Datenerfassungsbogen, ein vollständiges Auftragsformular, eine Bestätigung einer Krankenkasse für den Russlandaufenthalt, und eben die Nachweise, vor allem über das Einkommen. Da stutzt Traudl erst mal: „Das ist ja witzig! Da steht: ‚Nicht Berufstätige fügen eine Heiratsurkunde und den Einkommensnachweis des Ehepartners bei‘. Was sollen wir da machen, wir sind beide nicht berufstätig!?" „Steht da vielleicht auch, dass alleinreisende Damen die

Genehmigung und die Einkommensdaten ihres Mannes oder Vaters angeben müssen?", frage ich zurück, denn so etwas habe ich schon mal irgendwo gehört. Aber diesen Hinweis findet sie nicht.

Passbilder haben wir noch, denn unsere Pässe sind auch erst zwei Jahre alt, und dafür haben wir sie machen lassen; in der Zwischenzeit haben wir uns wohl kaum merklich verändert. Der Datenerfassungsbogen will erst mal alles über unsere Reise wissen: Schiff, Reisedaten, zu besuchende Orte, welche Versicherung, Anschrift des Arbeitgebers, Position im Unternehmen, Verwandtschaft in Russland und ob beziehungsweise wann wir das letzte Mal in Russland waren.

Das Wichtigste im Auftragsformular ist wohl unsere Bankverbindung, denn der Visa-Dienst will auch von etwas leben. Und wohin die Pässe nach Erteilung der Visa geschickt werden sollen, wobei das Versenden natürlich immer per Einschreiben passiert.

Unsere Reiserücktrittsversicherung deckt erst mal keinen Krankenschutz in Russland ab. Aber es liegen den Buchungsunterlagen ein Infoblatt mit den Namen diverser akzeptierter Krankenversicherungen und ein Angebot einer speziellen Versicherung bei, die ‚kostengünstig' verschiedene Versicherungspakete anbieten. Da wir ja aber schon die genannte Versicherung haben, rufe ich zunächst dort an und erfahre, dass ich für einen entsprechenden Aufpreis die Versicherung auf Russland zeitweilig ausdehnen könnte. „Haben wir nicht auch eine

Auslandskrankenversicherung?", wirft meine Gattin ein. Stimmt eigentlich, eine solche Versicherung haben wir vom größten Autopannenversicherer Deutschlands. Also dort anrufen – und ein Wunder erleben: „Kein Problem, ich schicke Ihnen eine Bestätigung zu. Das kostet auch nichts."

Bleibt noch die Frage nach den finanziellen Verhältnissen. Da werden wir mal beim nächsten Stammtisch darüber reden müssen, denn wir haben auch Rentner oder Pensionäre in unserem Team. Ob deren Einkommen die Russen schon zufriedenstellen wird?

~.~

Bei unseren kommenden Zusammentreffen mit Berichten von anderen Russlandreisenden wird uns klar, dass es wohl nicht so sehr auf die Höhe unserer Einkommen ankommt, sondern einfach nur auf eine gewisse dauerhafte ‚Beziehung' zu unserer Heimat. Unsere Ersparnisse werden wir also nicht offenlegen, und die Russen sollen mal mit unseren auch teilweise geringen ‚Einkommen' zufrieden sein.

Erst nach Ostern packen wir dann unsere Päckchen mit Pässen und sämtlichen Unterlagen und bringen sie zur Post. Mal schauen, ob wir mit unseren Angaben richtig gepokert haben!

Die Qual der Wahl

Internet sei Dank – nur wenige Tage nach dem Absenden der Visaunterlagen kommt eine E-Mail vom Visadienst, dass wir den Status der Bearbeitung jederzeit über einen beiliegenden Link abfragen können. „Schau doch mal rein!" drängt mich Traudl, und dann muss ich sie aber enttäuschen. Außer, dass der Eingang der Unterlagen bestätigt wird, steht noch nichts auf der Webseite. Aber das ist ja auch schon ein gutes Zeichen, denn unsere Pässe hätten auch auf Nimmerwiedersehen unterwegs verschwinden können. Schon drei Tage später hat sich der Status geändert: Die Anträge sind in Bearbeitung, und bald darauf ist der Versand eines ausgefüllten Visumsantrags zur Unterschrift durch uns bestätigt. „Den Antrag zur Bearbeitung haben wir zwar schon beim Visumsdienst gestellt, jetzt müssen wir noch den dort ausgefüllten Antrag für die russische Botschaft unterschreiben und zurückschicken. Erst dann wird sie die Visa erteilen – hoffentlich", versuche ich Traudl klarzumachen und ergänze beruhigt: „Aber offensichtlich waren unsere finanziellen Angaben zufriedenstellend!"

Jetzt sind es noch drei Monate, und die Bearbeitung unserer Visumsanträge zieht sich. Der Status ‚In der Botschaft' ist seit drei Wochen unverändert. Ob da etwas nicht stimmt? „Die haben sicherlich wegen der Fußball-WM eine Unmenge an Visa zu bearbeiten!", erklären wir uns gegenseitig immer wieder die Verzögerung. „Hast du mal wieder nach unseren Visa geschaut?", löchert mich meine Frau alle paar Tage. Bis dann endlich der Status auf ‚Rücksendung zum Antragsteller' wechselt. Auch bei den Anträgen unserer Freunde scheint alles seinen Weg zu gehen.

~.~

Die Visa sind da! Mit Sicherheitsstreifen, Passbild und einigen anderen sonderbaren Merkmalen prangt das Visum nun auf einer der ersten Seiten meines Reisepasses, ähnlich eines Personalausweises, nur auf Russisch. Mit ein, zwei Tagen Abstand haben wir alle sechs unsere Einreiseerlaubnis in den Händen.

Nun warten wir noch auf die Freischaltung der Ausflüge, die wir zusätzlich zu den ‚inkludierten' Aktivitäten buchen können. Anders als bei den bisherigen Seereisen, sind im Russlandpaket bereits die meisten Ausflüge zwischen Sankt Petersburg und Moskau bereits im Preis der Kreuzfahrt enthalten. Und mehr wird es unterwegs auch nicht geben; das ist eben Russland; wir sollen uns bloß nicht selbständig machen wollen! Aber das Vor- und das Nachprogramm in den beiden großen Städten dürfen wir selbst wählen, sobald sie im Internet zur Auswahl stehen.

~.~

Noch zwei Monate! Und pünktlich wie gewohnt, stehen die zusätzlichen Ausflüge im Netz. „Sollen wir uns nicht erst mit den anderen abstimmen?", bremse ich mal meine

Euphorie, weil es nun langsam ernst wird. Aber wir entscheiden für uns, dass ja nicht alle immer die gleichen Ausflüge machen müssen. Im Gegenteil, wenn wir unterschiedliche Sehenswürdigkeiten besuchen, können wir uns gegenseitig etwas erzählen! Und außerdem haben Traudl und ich auf unserer Ostseereise schon manches in Sankt Petersburg gesehen und vieles auch noch nicht. Und gerade letzteres ist für uns dann diesmal interessant. „Dann können wir heuer den Peterhof anschauen. Aber die Eremitage wäre sicher auch ein zweites Mal interessant, man sieht ja immer nur einen kleinen Teil davon während einer Führung.“ Damit hat Traudl schon mal die ersten beiden Tage gedanklich ausgefüllt.

Und in Moskau? „Da müsst ihr euch unbedingt die Metro anschauen!“, hat unser Freund erzählt, der schon vor vielen Jahren dort war. Der Kreml ist irgendwie geheimnisumwittert und daher besonders interessant, und ein angeblich sehr schönes Kloster gewinnt auch unsere Aufmerksamkeit. Damit sind die Ausflüge aus unserer Sicht abgehakt. Aber was meinen die anderen beiden Paare? Geli und Rudi haben sich unseren Vorschlägen angeschlossen, wollen aber zusätzlich noch nach Puschkin und das Bernsteinzimmer bewundern, das wir schon kennen. Irmgard und Manfred haben auch an einem abendlichen Konzert Interesse, aber sonst deckt sich ihr Plan mit dem unseren.

Jetzt muss nur noch rechtzeitig der restliche Reisepreis überwiesen werden, dann kann das Russland-Abenteuer losgehen!

Wenn der Postmann zweimal klingelt …

Noch gut zwei Wochen, dann geht es los! Seit ein paar Tagen schaut Traudl schon immer gleich mittags in unseren Briefkasten, denn eigentlich müssten die Reiseunterlagen von Phoenix langsam kommen. Kamen aber bisher nicht. Da wird doch nichts schiefgegangen sein?? „Warum bist du immer so pessimistisch?", fragt meine Frau und versucht mich zu beruhigen. Aber eigentlich bin ich gar nicht so negativ eingestellt, ich freue mich nur auf unser neues Abenteuer und kann es kaum erwarten! Es hat geklingelt; unten an der Haustüre. Unsere Postbotin hätte etwas für uns, das sie aber nicht in den Briefkasten stopfen will…

So schnell war meine sportliche Frau noch selten die vier Stockwerke hinuntergesprungen! Gerade kommt sie wieder die Treppe hoch. Sie grinst! Und sie hält etwas hinter ihrem Rücken versteckt. Triumphierend wedelt sie mir dann aber gleich mit einem dicken großen Umschlag entgegen, obwohl sie noch nicht einmal durch unsere Wohnungstüre gekommen ist. „Endlich, mach auf!" rufe ich aus, obwohl ich lieber gleich „Gib her" gesagt hätte; aber man will ja auch mal Gentleman sein. Allerdings verschwindet meine Gattin erst mal in der Küche, um ein großes Messer zu holen, mit dem sie dem Kuvert zu Leibe rücken möchte. Als sie wieder zurückkommt, habe ich aber den Umschlag schon brutal aufgerissen. Warum soll ich auch das Kuvert vorsichtig behandeln? Es landet ja doch in wenigen Minuten im Altpapier?! Ein Stirnrunzeln und ein verdrückter Seufzer sind Traudls Reaktion. Aber was solls; das Ergebnis zählt doch, in diesem Fall also der Inhalt.

Zwei dickere Bestandteile werden gleich unter die sprichwörtliche Lupe genommen: eine blaue Plastikmappe mit diversen Papieren und vier türkisblauen Kofferanhängern, und daneben das übliche kleine Büchlein, wie wir es auf jeder unserer Reisen geschätzt haben: diesmal ist es ein Reiseführer über die Flussreisen in Russland. Außerdem liegt – oder besser, lag – dem Umschlag ein Anschreiben bei und Hinweise über den Gepäcktransport und eine Reiseversicherung. „Gepäcktransport? So etwas gibt es doch gar nicht nach Russland, oder?", staunt meine Frau, und da muss ich ihr eigentlich recht geben. Den Gepäckservice gibt es wirklich nur zu deutschen und einigen westeuropäischen Häfen, wie mir ein kurzer Blick in den Flyer bestätigt. Allerdings wäre es möglich, die Koffer zuhause abholen zu lassen und am Abflug-Flughafen wieder in Empfang zu nehmen; in unserem Fall also für den kurzen Weg nach München. Aber das werden wir auch selbst schaffen, zumal wir ja mit einem Flughafentransfer von zuhause aus bis zum Franz-Josef-Strauß-Flughafen fahren wollen.

Eine Reiseversicherung für einen eventuell nötigen Rücktritt haben wir sowieso schon für das ganze Jahr, und die erforderliche Krankenversicherung wurde ja schon bei der Visabeantragung benötigt. Auch den Schrieb können wir also getrost dem Altpapier anvertrauen. „Dann fühlt sich das kaputte Kuvert nicht so alleine..." lästere ich überflüssigerweise.

Der Reiseführer hat im hinteren Teil sogar eine kleine Landkarte mit der Umgebung unserer Route, und Stadtpläne für Sankt Petersburg und Moskau. Die weitere Lektüre des Büchleins muss bis heute Abend warten. Aber die blaue Mappe birgt noch einige wichtige Unterlagen, die wir für die Anreise benötigen, allen voran „Ihr persönlicher Reiseplan". Es gibt einen für Traudl und einen zweiten für mich, aber ein kurzer Blick hinein zeigt, dass beide Dokumente, bis auf die Namen, absolut identisch sind. „Wir haben die gleiche Kabinennummer!" stellt Traudl fest. „Oh! oder Ah!, wie meintest du das?", frage ich scherzhaft zurück. Die Antwort bleibt sie mir aber schuldig.

„Doch, ein Unterschied besteht noch: die Nummer des Flugtickets!" triumphiert meine Gattin, die beide Reisepläne genauestens unter die Lupe nimmt. „Aber es sind die gleichen Flüge,", entschärft sie ihre Warnung gleich wieder selbst. „und die Flüge gehen auch zu vernünftigen Zeiten!" Das beruhigt mich, denn wir hatten auch schon Pauschalreisen, bei denen der Hinflug am frühen Abend und der Rückflug gleich morgens waren. Das bedeutete dann gleich zwei Tage weniger Urlaub!

Ein paar weitere Blätter geben nochmal Aufschluss über die möglichen Ausflüge, die inkludierten und die frei dazu buchbaren. Auch über die Einschiffungsprozedur ist ein Schreiben dabei mit Infos, wo unser Schiff, die Alexander Borodin, auf uns warten wird. Da wir aber vom Sankt Petersburger Flughafen mit dem Bus abgeholt werden, muss uns das nicht interessieren. Das letzte Blättchen mit „Allgemeinen Informationen" klärt uns über die Währung und über die Stromversorgung an Bord auf und erklärt, wann wir wo und was mit Bargeld oder Kreditkarte bezahlen können. Auch Hinweis zu Trinkgeldern, Rauchen und Fotografieren sind extra aufgeführt. Bekleidungsempfehlungen, vor allem in den orthodoxen Kirchen, fehlen auch nicht.

Irgendwie haben wir auf Grund der vielen Hinweise den Eindruck, dass wir doch in eine ganz andere Welt reisen werden.

Lesestunde

Eigentlich wollten wir gestern Abend gleich den Reiseführer studieren. Aber weit sind wir nicht damit gekommen; es gibt eben auch noch andere, vor allem familiäre Angelegenheiten zu klären. Zum Beispiel: wer versorgt unsere Lucy in unserer Abwesenheit? Ach so, Lucy wurde ja noch gar nicht vorgestellt! Lucy wiegt rund 4,5 kg und neigt gerne zum Schreien, vor allem, wenn sie Hunger hat. Dabei ist Lucy schon etwa 14 Jahre alt – und unsere kleine Hauskatze! Außerdem machen wir uns Sorgen um die Betreuung unserer Oma. Falsch! Aber daran muss ich mich erst noch gewöhnen: Uroma, denn seit Kurzem haben ja Traudl und ich die Großeltern-Rolle übernommen. Ist es da nicht verständlich, dass der Reiseführer etwas warten muss?

~.~

Am nächsten Tag wollen wir gleich unsere Mitreisenden anrufen, aber Geli und Rudi sind schon schneller und klingeln bei uns an. Ja, sie haben das gleiche Paket bekommen. „Und der Flug, habt ihr dieselbe Aeroflot-Maschine wie wir?" Haben sie. Auch Irmgard und Manfred sitzen im selben Flieger, wie sich kurz danach herausstellt. Und die Abflugzeit in München ist ebenfalls recht human, mittags um 12 Uhr 10. Der Flug dauert gerade mal knapp drei Stunden, also sind wir etwa um 15 Uhr in Sankt Petersburg. „Um fünf vor 4 Uhr!" liest Traudl aus dem ‚persönlichen Reiseplan' vor. Kurze Denkpause, aber dann fällt der Groschen: eine Stunde Zeitversatz gilt in diesem Teil Russland gegenüber unserer mitteleuropäischen Sommerzeit! In unserer ‚Winterzeit' wären es sogar zwei Stunden. Wir müssen also nicht etwa eine Stunde am Himmel Warteschleifen drehen, bevor wir landen dürfen. Und es ist ein Non-Stop-Flug, denn eine

Zwischenlandung in Berlin wäre ja auch ein denkbares Szenario gewesen. Das Gleiche gilt – laut Unterlagen – auch für den Rückflug am frühen Nachmittag.

Während der Telefonate vereinbarten wir gleich einen weiteren Termin, an dem wir uns treffen und unsere Erkenntnisse vom Studium der Papiere austauschen können. Am kommenden Sonntag wird die letzte Besprechung stattfinden, diesmal bei Geli und Rudi. Bis dahin will ich mal unsere Dokumentensammlung sichten und gründlich aussortieren. Warum soll ich die Buchungsoption aufheben, wenn ich doch schon eine Buchungsbestätigung habe? Und EIN Katalog unseres Reiseunternehmens dürfte eigentlich auch reichen! Die Kofferanhänger werden noch mit Adressstempel und Kabinennummer versehen. Nur mit dem Geld für unterwegs sind wir noch im Unklaren. Mal abwarten, was die anderen meinen: Kredit- oder EC-Karte, und wieviel Bargeld? In möglichst kleinen Scheinen, steht in den Hinweisen.

Heute Abend kommen wir endlich zur Lektüre des Büchleins. Groß ist es ja nicht, aber dafür ist es genau auf die Flusskreuzfahrten auf Newa, Swir, Wolga, Don und so weiter zugeschnitten; also genau das, was wir auf der Reise brauchen. Bis auf ein Kapitel, das wir beide vergebens suchen: die Sprache, und vor allem die exotischen Schriftzeichen. Wenn wir schon nicht immer wissen, was es heißt, so wollen wir es wenigstens richtig aussprechen! Und ‚danke‘, ‚bitte‘, ‚ja‘, ‚nein‘ und ‚Guten

Tag' sollte man doch wenigstens in der Landessprache beherrschen! Dafür sind die Landkarten und Stadtpläne sehr übersichtlich, und die Beschreibungen werden sicher unterwegs mit der Realität abgeglichen werden.

„Ich glaube, unsere elf Tage in Russland sind viel zu kurz!" gebe ich zu Bedenken, als ich von den vielen interessanten Städten, der reizvollen Landschaft und den manchmal aufregenden Schleusen lese. Aber zumindest in Sankt Petersburg waren wir schon auf unserer Ostsee-Kreuzfahrt; da werden wir sicher einiges wiedererkennen.

Der geschichtliche Teil ist ja sicher wissenswert, aber da geht es mir wie bei den meisten Führungen auch: es geht beim einen Ohr rein und beim anderen wieder hinaus. „Tja, wenn nichts dazwischen ist, was es aufhält!" lästert meine Gattin in solchen Fällen immer, und darum sage ich erst gar nichts. Zar hin oder Zarin her, mit ‚Peter' oder ‚Alexander' und ‚Katharina' oder ‚Elisabeth' liegt man eigentlich immer richtig! Viel interessanter sind einerseits deren Hinterlassenschaften, vor allem an prunkvollen Palästen, und andererseits natürlich die herrlichen orthodoxen Klöster, die unsere ganze Strecke säumen werden. Hoffentlich reichen meine Speicherkarten im Fotoapparat aus! 64GB nehme ich mit, und mehr als die Hälfte habe ich noch nie in einem Urlaub benötigt.

Letzte Besprechung

Wir sind komplett. Heute haben wir sechs uns, wie besprochen, bei Geli und Rudi eingefunden. Und wir werden auch gleich auf unser Russland-Abenteuer eingestimmt: Im osteuropäischen Supermarkt haben die Beiden das Süßigkeitenregal geplündert und herrlich bunt eingewickelte Bonbons, Kekse, Karamellen und Gelees eingekauft – eben wie sie typisch für diese Region sind. Jeder hat sein Päckchen Unterlagen dabei, aber zunächst kommt das Thema Kleidung zur Sprache. Wird es etwa kalt oder warm werden? Auch das Internet will sich da nicht so richtig festlegen. Also einigen wir uns auf die ‚Zwiebeltechnik‘; mehrere dünne Schichten, und etwas gegen Regen. Damit sollten wir tagsüber gut gerüstet sein. „Und abends, beim Kapitänsempfang?“ Vor allem die Damen plagt diese Frage. Wie ist man weder über- noch untertrieben gekleidet? Abendkleid? Nein, keinesfalls! Cocktailkleid? Eher nein! Anzug für die Herren? Eher eine Kombi! „War nicht irgendwo etwas von ‚sportlicher Eleganz‘ gestanden?“, wage ich einzuwerfen. „Und was ist das?“, kommt die selbe Reaktion gleich zweimal. Was täten wir ohne Internet? Also ‚sportliche Eleganz‘ eingeben und überraschen lassen: beim Herrn ist ein Sakko oder Blazer empfehlenswert, langärmliges Hemd ohne Krawatte, möglichst keine Jeans (oder nur solche, denen man ‚es‘ noch nicht ansieht), geschlossene Schuhe. Die sportlich-elegante Dame trägt einen edlen Rock oder eine entsprechende Hose, Bluse und Jäckchen, alternativ auch eine hochwertige Jeans und feines T-Shirt mit einem Blazer darüber.

„So, jetzt ist alles klar, oder?" Naja, man einigt sich schließlich auf ein Freizeitsakko und passende Hose für die Herren und die Damen auf eine Kombination aus vorhandenen Einzelteilen aus den Kleiderschränken. Wir gehen ja weder auf einen Schwarz-Weiß-Ball noch zu einem Staatsempfang!

„Wie ist denn das mit der Bezahlung an Bord zu verstehen?", will nun Irmgard wissen. Der entsprechende Passus in den Unterlagen kommt uns allen dubios vor: Die Getränke können auf die Kabine gebucht werden und dann per Kreditkarte bezahlt werden. Aber eben nicht, solange die Alexander Borodin in Sankt Petersburg oder sobald sie in Moskau liegt! Dann geht nur Bargeld. Die Ausflüge können mit deutscher Kreditkarte bezahlt werden. Auch in den eben genannten Häfen?? Aber zumindest ist die Bordwährung Euro (oder Rubel). Und als Bargeld soll man möglichst kleine Scheine mitnehmen. „Wir haben schon mal 30 Fünf-Euro-Scheine besorgt", erzählt Traudl, „Vielleicht kann man damit bei den Ausflügen auch ein paar Souvenirs oder Getränke bezahlen." Wie das dann genau ablaufen wird mit der Bezahlung an Bord, das werden wir vor Ort schon noch herausfinden.

„Was machen wir eigentlich hinterher mit den unzähligen Fotos, die sicherlich auf der Reise geschossen werden? Rudi nimmt seine neue Action-Cam mit, und ich habe ja den großen Apparat und mein Tablett dabei!?", wirft Geli als nächstes Thema in die Runde. Auch Manfred hat eine gute Kamera, und ich fotografiere normalerweise mit meiner Spiegelreflex; notfalls eventuell sogar mal mit dem Smartphone. „Ich weiß, wer daraus ein schönes Fotobuch machen wird!" Wer immer das gesagt hat – ich weiß es nicht mehr –, aber schlagartig richten sich alle Blicke auf mich. Es stimmt schon, dass in unserem Schrank mindestes 30 Fotobücher stehen, aber es ist schon ein Unterschied, ob ich nur meine Fotos sortieren, bearbeiten und in ein Fotobuch packen muss oder die Sammlungen von vermutlich sechs verschiedenen Kameras! Und dann soll das Fotobuch in seiner Gestaltung auch noch den Geschmack von drei Paaren treffen? Vordrängeln werde ich mich in dieser Hinsicht sicher nicht!

„Habt ihr denn schon Kopien eurer Dokumente gemacht?", fällt mir noch spontan ein. Auf die Frage ‚Wozu?' war ich zwar gefasst, aber Traudl erklärt sofort, dass wir bei Verlust des Passes oder der Kreditkarte leichter Ersatz bekommen können, wenn wir diese Kopien vorweisen könnten. Und falls wir in Russland mal kontrolliert werden sollten – und die Pässe ja üblicherweise an Bord eingesammelt und verwahrt werden –, dann könnten wir uns wenigstens mit einer Kopie unserer Visa legitimieren. Das wird allgemein als gute Idee begrüßt, und alle wollen sich noch Duplikate anfertigen.

Laut Info-Papieren dürfen unsere Koffer bis 23 kg wiegen, zudem ist ein Stück Handgepäck erlaubt. „Ich nehme meine Kofferwaage mit", verkündet Rudi, damit wir auf der Rückfahrt unsere Mitbringsel gleichmäßig verteilen können. Beim Probepacken sind die Koffer aber nie über 20 kg gekommen; es bleibt also genügend Luft nach oben. Jeder hat seinen Koffer und eine kleine Tasche als Bordcase dabei, das reicht. Wir sind weder auf einer Reise in die Arktis noch auf einer viermonatigen Weltreise!

Jetzt ist noch eine Frage zu klären: Wie kommen wir zum Flughafen? Das hatte ich aber schon vorher abgeklärt und bei dem Flughafentransfer angerufen, der uns bisher immer pünktlich und preiswert geholt und abgeliefert hatte: „Der Kleinbus wird uns nacheinander einsammeln. Erst sind wir dran, dann Irmgard und Manfred, und schließlich noch Geli und Rudi. Im Auto ist dann noch genügend Platz für unsere Koffer, hat der Betreiber des Taxidienstes versichert!" Die Rückfahrt wird genauso von statten gehen, nur eben in umgekehrter Reihenfolge. Der genannte Preis wird auch von allen akzeptiert, so dass ich den Auftrag für die Buchung bekomme.

Mit diesen Erkenntnissen machen wir uns wieder auf den Heimweg. Aber die Stimmung ist bei allen unseren Freunden und bei uns sehr gut, die meisten kleineren Zweifel haben wir ausräumen können. Jetzt geht es nach Hause und den Kleiderschrank durchforsten, vielleicht packen wir auch schon mal zur Probe?

„Kommt ja gar nicht in Frage!" protestiert meine Frau auf diesen Vorschlag hin, „Erstens brauche ich noch meine Kleidung bis zur Abreise, und zweitens liegt sonst alles solange im Schlafzimmer herum!" Da darf ich ihr natürlich nicht widersprechen; brauche ich auch nicht, denn in die Packerei will ich mich nicht einmischen.

Dafür wird aber schon mal der Kleiderschrank inspiziert und meine Hosen, die ihr russlandtauglich erscheinen, auf eine Seite gehängt. Gleiches passiert mit meinen Hemden, die damit schon mal reserviert sind. In ihrem Schrank – glaube ich zumindest – verfährt sie ähnlich. Aber die Entscheidung bezüglich Schuhe treffen wir gemeinsam, schließlich weiß ich am besten, was meinen Füßen zumutbar ist.

Los geht's

Den Transfer habe ich gleich am nächsten Tag gebucht, eine Bestätigung kam auch schon am gleichen Tag per E-Mail an. Jetzt wird es aber wirklich ernst: Übermorgen werden wir um 8 Uhr 15 abgeholt werden! Darum heißt es heute schon mal die Koffer aus dem Keller holen und die abkömmlichen Sachen einpacken. Der Rest folgt dann morgen. Auf unseren kleinen Tageskoffer fürs Handgepäck verzichten wir diesmal, so umfangreich wird unser Gepäck nicht werden. Aber eine Reisetasche und meine Fototasche werden als Bordgepäck vorgesehen.

Die Pässe mit den Visa, unsere Kreuzfahrtpässe, die
‚persönlichen Reisepläne' und einige weitere Unterlagen
der Reise werden in einer speziellen Mappe verstaut, die
dann auch sofort griffbereit in der Reisetasche ist, wenn
sie gebraucht wird. Die Kopien unserer Pässe und
Kreditkarten landen dafür in einem der Koffer. Mal
schauen, ob sie morgen noch zugehen...

~.~

Der Wecker hat rechtzeitig seine Pflicht getan. Schnell
wird noch der letzte Koffer verschlossen, nicht ohne etwas
Nachdruck. Die Waage zeigt 17 kg und 19 kg, bleibt also
genügend Platz für Souvenirs, zumindest gewichtsmäßig.
Traudl bringt noch schnell den Müll hinunter, während ich
nochmal Papiere, Foto und Geld überprüfe. Aber da
klingelt sie schon von unten bei mir an: „Das Taxi ist
schon da!" Also lege ich einen Zahn zu und stelle schon
mal alles vor die Wohnungstüre. Weste und Schuhe, und
von mir aus kann es losgehen. Auch meine Frau kommt
im Laufschritt wieder nach oben und packt ihre sieben
Sachen. Nachdem nur ich einen Wohnungsschlüssel
mitnehme, darf ich auch absperren. Per Aufzug stehen wir
nur eine Minute später vor dem Haus und laden die Koffer
ins Heck des Minibusses. Der Fahrer hat seinen Fahrplan
neben sich liegen und kennt den Weg zum nächsten
Zustieg. Wir brauchen uns um nichts kümmern. So muss
ein Urlaub beginnen!

Innerhalb einer halben Stunde ist unser Bus voll. Alle sind
wohlgelaunt und können es nun gar nicht mehr erwarten,

Deutschland ‚Auf Wiedersehen' zu sagen. Unterwegs gibt es zwar einen kleinen Stau, aber nichts, was uns beunruhigen müsste. Wir liegen gut in der Zeit!

Am Flughafen angekommen, wollen wir natürlich zunächst unser Gepäck loswerden. Aeroflot! Wo ist der Aeroflot-Schalter? Ist ja klar: dort, wo die meisten Leute anstehen! Hinter diversen mobilen Absperrungen schlängeln sich wohl so etwa 50 Reiselustige mit ihren Koffern durch. Wobei ‚schlängeln' schon zu viel gesagt ist, denn eigentlich stehen sie nur vor den Schaltern, die zwar schon besetzt sind, an denen aber noch keine Aktivitäten erkennbar sind. Es ist inzwischen 10 Uhr, und wir stellen uns doch mal ans Ende der Warteschlange. Und das ist gar nicht so leicht zu finden, denn ein eifriger Flughafenmitarbeiter hat nichts Besseres zu tun, als die mobilen Absperrungen permanent auch mobil zu halten; er ändert fast bei jedem neu hinzukommenden Möchte-Gerne-Passagier den einzuschlagenden Weg, mal rechts herum, mal links herum, mal wird eine neue Spur geöffnet, mal eine andere per Absperrband wieder geschlossen. Das ist zwar interessant zu beobachten, aber es bringt uns auch nicht weiter.

Erst nach rund zehn Minuten kommt Leben in die Meute. „Genau zwei Stunden vor dem geplanten Abflug!" konstatiert Manfred. Ob die Akkuratesse bereits die ersten Auswirkungen des russischen Einflusses sind? Egal, Hauptsache es geht voran. Kofferschiebend und im Zickzack schaffen wir es bis in die vorderste Reihe, von der aus wir nun die offenen Abfertigungsschalter genau beobachten, um unseren Aufruf nicht zu verpassen. Geli und Rudi am Ende, Irmgard und Manfred hinter uns, alle die Koffer und Taschen vor sich herschiebend und mit den Reisepässen unter die Ellbogen geklemmt oder zwischen den Zähnen – man hat ja auch nur zwei Arme! –, so dürfen wir fast gleichzeitig zu einer der rot-blau gekleideten Damen. „Sind noch Fensterplätze frei?", versuche ich, einen guten Platz auszuhandeln. Aber die Antwort ist kurz und einfach: Die Plätze seien bereits alle fest zugeteilt; es stehe auf den Bordkarten! Unsere beiden Koffer verschwinden auf dem Fließband hinter der Wand, und im Austausch erhalten wir unsere Bordkarten. Dann werden wir hier entlassen. Nach ein paar Minuten sind wir sechs wieder komplett, soweit hat alles geklappt. „Wo sitzen wir denn?", fragt Geli, aber Rudi hat die Boarding-Karten schon eingesteckt. „21 E und F, also ein Fensterplatz und der daneben!" lese ich inzwischen von unseren Unterlagen vor, denn unser ,Fluggerät' – wie es im Flugplan heißt, in unserem Fall der Airbus A320 –, hat nur sechs Sitze pro Reihe; drei rechts und drei links. Und tatsächlich, jedes Paar hat einen Platz an der Scheibe, und wir sitzen auch alle ganz in der Nähe. Das Los der Plätze direkt vor uns haben Irmgard und Manfred gezogen. Geli und Rudi schauen auf der anderen Seite zum Fenster hinaus. Nur stellen wir fest, dass unser Flug nicht von Aeroflot selbst durchgeführt wird, sondern von einer Billigtochter. Aber Hauptsache, wir kommen irgendwie nach Sankt Petersburg.

Wir haben aber noch über eine Stunde Zeit, bis unser Flug aufgerufen wird. Was solange tun? Ich möchte mir gerne noch ein Rätselheft kaufen, und für Geli und Rudi ist es schon fast Tradition, sich vorher noch eine Butterbreze zu gönnen. „Also ab in den Untergrund!" schlage ich vor, denn dort finden wir an einem Imbissstand und in einem Zeitschriftenladen das Gesuchte.

~.~

„Langsam sollten wir uns zur Sicherheitskontrolle aufmachen", rät Manfred nach einem Blick auf die Uhr. Aber dort werden wir schon beim Zugang abgefangen. Wir sollen doch bitte die Kontrolle im ersten Stock benutzen! Das verunsichert uns zuerst, denn keiner von uns wusste, dass es dort auch eine derartige Überprüfung der Fluggäste gibt. Über eine Treppe und diverse Gänge kommen wir dann tatsächlich an eine Barriere mit automatischen Türen, die sich nur nach Ablichtung des Passes öffnen. Also wieder die Pässe aus der Tasche gezogen! Einen gebe ich Traudl weiter, den anderen halte ich an den Scanner. Prompt gewährt mir die Automatik den Zugang – aber nur bis zu einem Schalter, in dem ein Beamter sitzt, der nun auch den Pass sehen möchte. Und der stutzt erst mal! Als er mir das Dokument unter die Nase hält, wird mir auch die Ursache bewusst: Ich habe meiner Frau einfach irgendeinen der Pässe gegeben in der Annahme, dass es ja für die Türöffnung egal sein müsste, wer da kommt. Und das war natürlich mein Pass! Jedoch dem Beamten ist das dann prompt aufgefallen, dass ich nicht so ganz dem Bild in Traudls Pass entspreche. Nach ein paar kurzen Sätzen der Erklärung darf dann aber Traudl auch eintreten und die Pässe werden wieder richtig verteilt. Alles gut, weiter geht es Richtung Gate D3.

Nach einer weiteren Viertelstunde und nahezu pünktlichem Einstieg heißt es dann „Sitze und Tische hochklappen, Handgepäck sicher verstauen, anschnallen und Elektrogeräte ausschalten". Noch während die Stewardessen ihren Schwimmwesten-Tanz aufführen, rollen wir zur Startbahn. Und dann sind wir in der Luft, genauer: erst mal mitten in den Wolken. Leider hält sich die Wattedecke unter uns auch fast die ganze Zeit, so dass wir nur raten können, über welchem Land wir gerade in gut zehn Kilometer Höhe fliegen.

„Da, ein Loch!" Traudl, am Fenster sitzend, stößt mich an. Schräg unter uns hat die Wolkendecke etwas aufgerissen und eine Landschaft ist erkennbar. Ein großer Fluss durchschneidet die Äcker und Wälder, und dann ergießt er sich in eine riesige blaue Fläche. Die Ostsee! „Das muss die Weichsel sein." Mein Smartphone, das ich inzwischen wieder in Betrieb nehmen dürfte, zeigt auf der Landkarte genau so ein Mündungsgebiet. „Dann haben wir ja schon mehr als die Hälfte der Strecke geschafft!", stellt auch Irmgard, schräg vor mir sitzend, fest.

In der Zwischenzeit haben wir auch etwas zu essen bekommen. Eine belegte Semmel (= Brötchen, Wecke, Rundstück, Schrippe, … für die fremdsprachigen Leser) mit Wurst und Käse. Und ein alkoholfreies Getränk. Wir haben auch schon weniger auf unseren Urlaubsflügen innerhalb Europas erlebt! Aber sinnigerweise hat Traudl ja vorgesorgt und für jeden einen Apfel oder eine Banane mitgenommen.

So gesättigt und zufrieden über unseren Reisefortschritt wird es nun auch deutlich ruhiger im ganzen Flugzeug. Also hole ich mir ein Rätselheft aus der Reisetasche und lasse meine grauen Zellen etwas arbeiten.

Vom Flugzeug aufs Schiff

Der Flugkapitän hat uns vor ein paar Minuten darauf hingewiesen, dass er nun zum Landeanflug ansetzen wird. Wir sollen wieder Tische und Sitze in Ausgangsposition bringen und er fordert uns auf, die Uhren um eine Stunde vor zu stellen.

Dann sind wir auch schon gelandet. Noch bevor wir unser Gepäck bekommen, dürfen wir durch die Personenkontrolle der russischen Behörden. Und die kennen wir ja schon von unserer Ostseekreuzfahrt, als wir Sankt Petersburg erstmals besucht hatten. Auch hier kommen wir in einen großen Raum, in dessen Mitte mindestens 20 Kabinen mit rot- oder grün-leuchtenden Ampeln stehen. Sobald eine Ampel auf grün wechselt, darf eine Person eintreten, den Pass inklusive Visum abgeben und – am besten ohne Sonnenbrille – den Offizier freundlich anlächeln. Eine ähnliche Reaktion seinerseits braucht man aber nicht erwarten. In stoischer Ruhe wird das Dokument gescannt, Passbild und echte Visage verglichen (diesmal habe ich auf die richtige Verteilung der Pässe geachtet) und mit etwas Glück wird die Ausgangsampel grün. Wir haben heute alle Glück! Ohne große Verzögerung sind wir nun in Russland angekommen.

Auch die Koffer lassen nicht lange auf sich warten. Mit all unseren Gepäckstücken machen wir uns Richtung Ausgang auf, um nun herauszufinden, wo und wie es für uns nun weiter zur Alexander Borodin geht. Unseren suchenden Blick entgeht daher auch nicht, dass zwischen den wartenden Abholern auch eine Dame mit einem Phoenix-Schild steht. Unsere Namen werden auf ihrer Liste abgehakt, und nach ein paar Minuten ist die Dame zufrieden, alle ihre Schäflein gefunden zu haben. Im Gänsemarsch geht es nun zum Parkplatz, wo wir unsere Koffer vor der Ladeluke eines Omnibusses abstellen. Und da würden sie wohl heute noch stehen. „Wir müssen lernen: Omnibusfahrer in Russland nicht verladen Gepäck. Reisende müssen selbst einladen." Soweit die Erklärung unserer Abholerin. Aha, dann also nochmal zupacken. Aber der Bus ist recht modern und sieht noch sehr neu aus. Vielleicht eine Anschaffung zur Fußball-WM?

Vom Flughafen zum Flusshafen sind es keine 30 Kilometer, aber der Verkehr bremst uns etwas aus. So brauchen wir fast eine Stunde, während der wir auf dem Autobahnring kriechen und dabei erste Eindrücke von

Russlands Bauprojekten sehen können. An allen Ecken und Enden werden riesige Wohnblöcke errichtet, und das mitten zwischen Heizkraftwerken, endlosen Wellblech-Lagerschuppen und mehr oder weniger verrosteten Industrieanlagen. Auf den bröckelnden Zustand der älteren Gebäude angesprochen, erfahren wir, dass es in Russland so gut wie keine Renovierungen und Instandhaltungen gibt. Es wird einfach etwas gebaut, und solange man es irgendwie nutzen kann, wird es eben verwendet. Dann bleibt es entweder als Ruine stehen oder, was seltener ist, es wird abgerissen und neu gebaut. Aber die Landflucht hin zu den großen Städten ist riesig, und deshalb wird überall gebaut, wegen des begrenzten Platzes vorzugsweise in die Höhe.

Schließlich biegen wir von der Autobahn ab und folgen dem Ufer der Newa ein kleines Stück, bevor wir am schrankenbewehrten Flusshafen ankommen. „Welches ist denn unser Schiff?", fragen wir uns gegenseitig, denn hier liegen gleich vier nahezu baugleiche Dampfer nebeneinander; also nicht hintereinander, sondern ‚im Päckchen'.

„Die Alexander Borodin ist zweites Schiff, Sie müssen durch erstes Schiff durchgehen!", verkündet unsere Begleiterin während unser Bus wendet. Aber am Ufer steht auch schon eine junge Dame im uns bekannten türkis-weißen Outfit. Wir bräuchten uns nicht um die Koffer kümmern, das erledigt das Schiffspersonal. In wenigen Minuten würden wir das Gepäck vor unserer

Kabine finden. Wenn wir die Alexander Borodin betreten, kämen wir direkt zur Rezeption, wo wir unsere Pässe gegen die Schlüsselkarten eintauschen sollen. Soweit die Theorie.

Die Praxis stellt sich dann aber auch genauso heraus. Es klappt alles ohne großen Stau und viel Hektik. Nur der Aufzug des Schiffes ist etwas überfordert. Mehr als fünf Leute passen nicht hinein, aber etwa 40 Personen stürmen das Schiff gleichzeitig. Von den anderen der rund 200 Passagiere, die teilweise schon an Bord sind, ganz abgesehen. Bevor wir uns auf die Suche nach unseren Kabinen machen, sollen wir nun noch in der Bibliothek vorbeischauen; dort erfolgt die Platzzuteilung für das Restaurant. „Jetzt bin ich mal gespannt, ob die Organisatoren uns einen Sechsertisch bereitgestellt haben!?", flüstere ich den anderen Paaren zu. Denn eigentlich hatte unser Herr F. vom Reisebüro bei der Buchung extra darauf hingewiesen. Nach Nennung meiner Kabinennummer bekomme ich das Los mit der Tischnummer 14. Meine vorsichtige Frage, ob unsere Freunde am gleichen Tisch sitzen, wird mit einem „Selbstverständlich!", kurz, aber zufriedenstellend beantwortet.

Sollen wir wieder zurück zum Aufzug? Aber wir entdecken noch eine Treppe am anderen Ende des Flurs, denn wir müssen noch ein Deck nach oben. Unsere Kabinen sind in der Nähe des Aufzugs, also wieder den Gang entlang und wir stehen vor unseren drei nebeneinanderliegenden Kabinen auf der Steuerbordseite, 217, 219 und 221. Noch während wir eine erste Inspektion der Räumlichkeiten durchführen klopft es, und ein Bordmitarbeiter liefert unsere beiden roten Koffer ab. „So, das hätten wir schon mal geschafft!", atmet Traudl hörbar, aber erleichtert auf, und lässt sich auf eines der Betten fallen.

Wo ist was?

Im Gegensatz zu den Seeschiffen der letzten Reisen, stehen hier die Betten nicht quer zueinander, sondern schön parallel und ließen sich sogar zu einem Doppelbett zusammenschieben, wenn man das eine kleine Nachtkästchen auf die andere Seite stellen würde. „Ich glaube, dass wir so aber mehr Platz in der Kabine haben, sonst muss man immer um die Betten herumlaufen!", überlegt meine Frau, und verzichtet daher lieber darauf, einen Fußwärmer neben sich im Bett zu haben. Die zweieinhalb Schränke sind ausreichend mit Bügeln ausgestattet, und ein kleiner Safe ist auch vorhanden, ebenso wie eine leere Minibar. Neben dem Fernseher gibt es eine kleine Ablage, die auch als Schreibtischchen genutzt werden kann, und darunter ein Hocker. Eine Art Beistelltisch und zwei schmale Sessel vervollständigen die Ausstattung. Im Bad gibt es eine großzügige Duschecke, WC und ein Waschbecken, das aber halb von einer gläsernen Ablage überdeckt ist. Das stellt meine Gattin auch sofort fest: „Das ist aber unpraktisch, wenn man mal den Kopf unters Wasser halten will!" Dafür liegen zwei große, originalverpackte Seifenstücke bereit, und mal nicht diese winzigen Hotelseifen, die einem immer zwischen den Fingern durchrutschen.

Das Fenster lässt sich öffnen, angeblich. Traudl studiert zwar die Mechanik, das Fenster jedoch bleibt hartnäckig. Daher schaue ich mir die Technik mal an, und stelle fest, dass meine Frau eigentlich genau richtig vorgegangen ist, nur eben nicht mit der erforderlichen Kraft. Knopf drücken, und dann mit aller Gewalt nach unten ziehen – und schon gibt die Scheibe den direkten Blick auf unser Nachbarschiff frei. Gut, wenn wir mal unterwegs sein werden, dann haben wir auch einen schöneren Ausblick. Jetzt laufen gerade einige andere Neulinge auf ihrem Rundgang vor dem Fenster vorbei. Und aus dem Nachbarfenster schnappt Rudi etwas frische Luft, sofern man hier zwischen den Schiffen überhaupt davon reden kann. Auch ihre Kabine ist wohl in Ordnung, Geli habe schon mit dem Auspacken angefangen.

Um 18 Uhr steht der nächste Termin für uns an. Das kann ich dem ‚Tagesprogramm' entnehmen, das in der Kabine auf uns gewartet hat. Dabei soll eine Einführung zur bevorstehenden Reise und eine Beschreibung unseres Dampfers, gleichsam als Orientierungshilfe an Bord, erfolgen. Das Ganze findet in der Sky-Bar statt, also zwei Decks über uns. Für 18 Uhr 45 ist das Abendessen vorgesehen, und dann, den Fußballfreunden zuliebe, die Übertragung des WM-Halbfinalspiels Kroatien gegen England. Das kann gleich in beiden Bars verfolgt werden, und zudem auf einem der Fernsehkanäle in den Kabinen. Kurz vor sechs klopfe ich an Irmgards und Manfreds Türe, aber auch sie sind schon bereit für die Einführung.

In der Sky-Bar sind bereits viele der Clubsessel belegt, aber Rudi ergattert noch eine Sitzgruppe am Fenster und wir beobachten die noch immer hereinströmenden Passagiere bei ihrer hoffnungslosen Suche nach Sitzplätzen. Aber das Personal hat inzwischen die Tanzfläche mit Klappstühlen bestückt, so dass dann doch ein jeder sein Plätzchen finden kann. Dann tritt die Dame ans Mikrofon, die wir auch schon beim Ausstieg aus dem Bus getroffen haben. Wir erfahren, dass wir bei ihr Geld wechseln und Ausflüge buchen können. Auch die dubiose Handhabung mit Kreditkarten versucht sie uns zu erläutern, aber so richtig schlau werden wir auch dadurch nicht. „Am besten, wir bezahlen alle Ausgaben an Bord mit unseren kleinen Euroscheinen, bei den Ausflügen können wir auf Kreditkarten ausweichen", lautet unsere vereinfachende Schlussfolgerung. Wir könnten zwar auch die Getränke ‚auf die Kabine' schreiben lassen, aber nur, solange wir nicht in den beiden großen Städten sind. Oder wie war das? Egal, wir bleiben beim Bargeld!

Jetzt wird ein Schauspieler auf die Bühne gebeten. Oder ist es einer der Offiziere? Und der darf uns nun die Handhabung der Rettungsweste demonstrieren. ‚Ganz einfach' die Weste öffnen, über den Kopf halten und wie einen Rucksack anziehen! Das werden wir schon auch irgendwie hinkriegen. Und dann kommt noch ein kleines silbernes Päckchen zum Einsatz: Es enthält einen Wärmeanzug, den man, vorsichtig entfaltet, als Overall anziehen kann. Mit einigen mühsamen Verrenkungen schafft er es wirklich und steht nun als silberglänzender Außerirdischer vor uns. Nachdem er sich wieder in einen Erdenbürger verwandelt hat, ist seine Demonstration zu Ende.

Bei dieser Gelegenheit zählt die Reiseleiterin auch kurz unsere Stationen bis Moskau auf, und dass es sowohl Fotos von unserer Reise geben wird als auch einen Film, der am Ende gekauft werden kann. Einiges Organisatorische erfahren wir noch, und dann werden wir zum Abendessen geschickt. Das ist wieder auf unserem Deck Nummer drei, aber am Heck.

Ohne Umweg folgen wir dem Strom zum Restaurant. Wie auch auf anderen Schiffen, sollen wir vor Eintritt unsere Hände desinfizieren. Ein kleiner Sprühautomat steht dazu neben der Tür. Allerdings gehen die meisten Hungrigen erst mal daran vorbei, ohne ihm ihre Aufmerksamkeit zu schenken. Eine der wartenden Kellnerinnen fragt nach unserer Tischkarte und führt uns zu Tisch Nummer 14 durch das ganze Lokal hindurch bis zum letzten Tisch direkt am Fenster; einem runden Tisch, für sechs Personen eingedeckt, mit schöner Sicht nach draußen. Neben dem Besteck und den Gläsern steht auch schon ein kleiner bunter Salat an den Plätzen. Und in der Tischmitte eine kleine Menükarte. Die Speisenfolge ist überschaubar: Nach dem Salat gibt es ein Hauptgericht, etwas Süßes rundet das Abendessen ab, auf Wunsch mit Kaffee oder Tee. Und die Zusammenstellung wirft bei uns Fragen auf, denn in unserer Gruppe gibt es eine Vollzeit- und ein Teilzeitvegetarierin. Außerdem wurden wir schon bei der Vorstellung vor einer Stunde darauf hingewiesen, dass wir natürlich eventuelle Unverträglichkeiten angeben können. Noch während wir dem Salat zu Leibe rücken, macht eine gewichtige Dame die Runde und kommt auch an unseren Tisch. Ob wir spezielle Wünsche bezüglich des Essens hätten? Irmgards Bitte nach vegetarischem Essen wird gerne registriert und von da an auch penibel beachtet.

Nachdem wir Getränke bestellt haben, kommt auch schon unsere zierliche Kellnerin und räumt die leeren Salatteller ab. Der Hauptgang lässt dann nicht lange auf sich warten und reißt uns zwar nicht vom Hocker, aber wir werden satt – zumindest nachdem wir das Dessert verspeist haben. Die Getränke bezahlen wir, wie vorgesehen, mit Euros. Währenddessen kommt noch einmal die gleiche Dame von vorhin an den Tisch und bringt uns einen Speiseplan für den nächsten Tag. Wir sollen bitte bei jedem Menügang unsere Kabinennummern eintragen, damit die Speisen morgen richtig geliefert werden. Die Wahl besteht jeweils bei den Hauptgerichten (Fleisch, Fisch oder vegetarisch) und beim Nachtisch (Süßes, Obst oder Käse). Aha, darum ist das heutige Angebot etwas bescheidener ausgefallen; es sollte ja möglichst jedem Wunsch gerecht werden!

Nach dem Essen kommt die Frage auf: „Gehen wir jetzt noch unsere Koffer auspacken?" Aber Rudis Vorschlag, doch lieber mal an Deck zu gehen und den ersten Abend bei einem Cocktail ausklingen zu lassen, wird sofort einstimmig angenommen. Also ergattern wir uns auf dem Sonnendeck einen der stabilen Holztische und gruppieren sechs der dazu passenden Stühle um ihn herum.

Die Kellnerin der Sky-Bar versorgt uns bald mit diversen alkoholischen und alkoholfreien Getränken und wir genießen den Ausblick auf die umliegenden Gebäude in der Abendsonne. Urlaub! Eigentlich fängt der Urlaub jetzt erst richtig an. Wir prosten uns entspannt zu: „Nastrovje!"

Weiße Nächte

Zwischendurch schaut auch mal einer von uns auf die Uhr: Es ist kurz vor 10 Uhr abends, und die dunkelrote Sonne versinkt gerade hinter den Häusern. Auch eine halbe Stunde später ist es noch hell genug, um die Barkarte lesen zu können. „Das sind wohl die Reste der ‚Weißen Nächte' von Sankt Petersburg", stellt Traudls fest. Eigentlich ist die Hochsaison der nicht dunkel werdenden Nächte schon zwei, drei Wochen vorbei, aber selbst jetzt wird es nur zwischen Mitternacht und 3 Uhr morgens so richtig Nacht.

Wir schließen uns der Sonne an und ziehen uns in die Kabinen zurück.

~.~

Eigentlich hätte uns das Bordradio wecken sollen, denn bereits um 6 Uhr 30 gibt es heute Frühstück. Aber das eingespielte Vogelgezwitscher war zu leise. Vorsorglich hatten wir unser Handy auch programmiert, und so kommen wir doch rechtzeitig aus den Federn. Auch unsere Freunde haben sich nicht auf das Radio verlassen, denn alle starten hungrig, aber voller Neugier auf den bevorstehenden Ausflug in den Tag.

Das Frühstücksangebot entschädigt uns voll für das etwas magere Abendessen. Von Cerealien über Säfte, Obst, diversen Brot-, Wurst- und Käsesorten bis zu Eiern, Gebäck und warmen Würstchen ist alles da. Kaffee steht auf dem Tisch, und heißes Wasser und verschiedene Teebeutel liegen bereit. Auf Wunsch werden auch Omeletts oder Spiegeleier serviert. Heute gibt es sogar noch ein Lunchpaket für alle Passagiere, die den Ganztagsausflug ‚Stadtrundfahrt plus Peterhof' gebucht haben. Und zu dieser Gruppe gehören auch wir sechs.

Gut gestärkt machen wir noch einen schnellen Stopp in der Kabine, bevor wir pünktlich kurz vor 8 Uhr an der Rezeption unsere Kabinenkarte gegen eine Ausflugskarte umtauschen. „Damit das Schiffspersonal erkennen kann, ob alle Ausflügler wieder an Bord sind", hatte uns die Dame bei der Einweisung gestern noch erklärt. Daher sollen alle, die das Schiff auch nur kurzzeitig verlassen wollen, solange ihre Karte austauschen. Nur ein paar Meter von unserer Alexander Borodin entfernt steht auch schon ein Bus parat, der uns heute den ganzen Tag durch Sankt Petersburg und nach Peterhof chauffieren wird. Traudl und ich hatten gezielt diesen Ausflug ausgesucht, da bei unserem ersten Besuch in dieser schönen Stadt keine Zeit mehr für die herrliche Schlossanlage geblieben war, und unsere vier Begleiter haben sich dieser Wahl angeschlossen. Ausgerüstet mit einem Fläschchen Wasser und unseren Lunchpaketen lassen wir uns also zunächst mal durch die Stadt fahren.

Nach einer 15-minütigen Fahrt bei leicht bewölktem Himmel an der Newa entlang gibt es die erste Fotopause an der ‚Smolny-Kathedrale'. Wie bei den meisten orthodoxen Kirchen ragen mindestens fünf Kuppeln in den Himmel. „Weiß-blau, das ist eine Kirche extra für uns Bayern!", entfährt es Traudl. Und damit passt das Gotteshaus auch bestens zu den Farben des Himmels. Zum Fotografieren muss ich nur noch eine Lücke in den Wolken abwarten, dann strahlt der ganze Komplex im besten Fotolicht. Vor lauter ‚Wo finde ich das beste Motiv?' verlieren wir dabei kurzzeitig den Anschluss an unsere Gruppe, aber schnell entdecken wir wieder Irmgard, die sich gerade durch die schmale Türe in das Innere der Kirche zwängt. Auch Traudl hat ihr Tuch aus der Tasche gekramt, um es vorschriftsmäßig als Kopftuch einzusetzen. Die Regelungen in orthodoxen Kirchen sind einfach: so wenig Haut wie möglich zeigen! Das gilt vor allem für Kopf und Schultern, aber auch die Knie müssen versteckt werden. In ganz strengen Kirchen dürfen weibliche Gläubige auch keine langen Hosen tragen, sondern nur züchtige Röcke oder Kleider. Für die Männer beschränkt sich die Regelung auf lange Hosen und Hemden.

Ob ich auch noch einen Blick in die Kirche werfen soll? In zehn Minuten sollen wir eigentlich schon wieder beim Bus sein, und das Gedränge vor der Tür der Kathedrale ist doch groß. Aber ich wage es trotzdem und quetsche mich hindurch. Der Innenraum ist eher schlicht gehalten, hauptsächlich in Weiß und Gold. Dann bin ich auch schon wieder draußen. Auf dem Weg zum Bus, den ich jetzt im leichten Laufschritt zurücklege, hole ich auch Traudl, Geli und Rudi wieder ein. „Das Schönste war doch der Gesang in der Kirche!", sind sich alle drei einig. „Welcher Gesang?", muss ich nachfragen, denn in der halben Minute, die ich im Innern verbracht habe, habe ich mich voll auf das Fotografieren konzentriert. Na ja, wir kommen sicher noch in viele Kirchen, da wird dann vielleicht auch gesungen.

Nächster Halt: ‚Blutskirche'. An dieser Stelle soll Zar Alexander II. 1881 ermordet worden sein. Die Wolkendecke hat sich aber inzwischen mehr verdichtet, so dass die vielen herrlich bunten Kuppeln etwas von ihrer Strahlkraft einbüßen. Ein Baugerüst trägt auch nicht gerade zu einem perfekten Fotomotiv bei, aber wir müssen es eben nehmen, wie es kommt. Hier reicht die Zeit nicht, das Innere zu besichtigen, so begnügen wir uns dann eben doch mit etwas farblosen Außenaufnahmen. Ein paar Details der bunten Dächer lassen sich sogar ohne störende Holzverkleidung fotografieren. Dann heißt es schon wieder „Einsteigen bitte!".

Der Bus fährt uns zu den ‚Rostra-Säulen' an der Gabelung der Newa in zwei Arme. Das Schönste an diesem Ort sind aber nicht etwa die Säulen selbst, sondern der Ausblick über die Flüsse: Auf der einen Seite können wir die ganze Front der ‚Eremitage' überblicken, vom Winterpalast aus der Mitte des 18.Jh. mit ‚Kleiner' und ‚Großer Eremitage' bis zur ‚Neuen Eremitage'. Weiter links leuchtet die lange goldene Spitze der Peter-und-Paul-Festung in den Himmel, die gerade etwas Sonne abbekommt. „Mach doch mal ein Foto von uns!", meint Traudl, als sich gerade eine Wolkenlücke ergibt. Also lasse ich alle fünf in die Kamera lächeln und schieße ein paar Fotos.

Der letzte Stopp im Zentrum findet vor der Isaac-Kathedrale statt, inzwischen wieder mit mehr Sonne. Die schöne Parkanlage vor der größten Kirche der Stadt verlockt auch zu sehr zum Knipsen! „10.000 Menschen sollen da reinpassen?", überlegt Traudl, aber die Dimensionen sind schon gewaltig. Allein die Kuppel soll 26 m im Durchmesser haben! Aber leider pressiert es auch hier etwas, und so bleibt uns keine Zeit, in ihr Inneres vorzudringen. Außerdem stehen hier schon einige Leute an der Kasse an. Apropos Leute, wo sind denn unsere vier

Begleiter? „Rudi habe ich gerade noch hinter uns gesehen", stelle ich fest, aber inzwischen ist auch er verschwunden. „In zehn Minuten werden sie schon wieder beim Bus sein!", beschwichtige ich Traudl und suche mir lieber noch ein paar fotogene Details des prunkvollen Gebäudes. Aber selbst für mein Teleobjektiv sind die Figuren fast noch zu weit entfernt.

Auch Manfred hatte uns gesucht. „Ich war drüben am Kirchenportal und habe auf euch gewartet!", stellt er beinahe etwas vorwurfsvoll fest. „Aber dafür hast du nicht so viele Fotos gemacht wie ich", erwidere ich achselzuckend. Nun ja, eben jedem das Seine. Im Bus packen wir unsere Lunchpakete aus, denn die Fahrt zum Peterhof dauert etwa eine halbe Stunde. Eine Banane, zwei belegte Semmeln, eine kleine Flasche Wasser und ein Orangensaft sind also unser heutiges Mittagessen. Und zum Nachtisch gibt es ein kleines Gebäck. Irmgard und Manfred überlegen, wie sie aus der Zusammenstellung ein vegetarisches Menü bilden können, finden aber doch irgendwie eine Lösung. Trotz Klimaanlage ist es inzwischen schön warm im Omnibus, und die gefüllten Mägen sorgen auch nicht eben für eine gesteigerte Unternehmenslust. Und gerade dann werden wir von unserer Reiseleitung schon wieder aufgefordert, uns auf das Aussteigen vorzubereiten; wir sind am Peterhof angekommen.

Glanz und Glorie

„Sind wir jetzt in einem Ort namens Peterhof oder heißt nur die Anlage Peterhof?", will Geli von unserer Reiseleiterin wissen und spricht uns damit allen aus der Seele. Eigentlich ist das ODER schon falsch, erfahren wir, denn sowohl die Stadt als auch die Palastanlage heißen so. Peter I., der auch für den gesamten Palast namensgebend war, hatte hier eigentlich nur ein kleines Landhaus errichtet und später etwas erweitert. Erst Zarin Elisabeth und dann Katharina die Große, also Mitte bis Ende des 18.Jh., haben das Anwesen zu der heutigen Größe ausbauen lassen. Plünderungen und Zerstörungen haben dann im Laufe des zweiten Weltkriegs dem Palast sehr geschadet und schließlich hat noch ein Großbrand die Vernichtung dieses Schmuckstücks komplettiert. Allerdings wurde gleich nach dem Kriegsende mit dem Wiederaufbau begonnen, so dass bis heute fast alles wieder so erstrahlt wie vor dem Krieg.

Als wir aussteigen, glauben wir uns auf einem Jahrmarkt wiederzufinden. Bude an Bude, alle bieten hier die üblichen russischen Souvenirs an, von den bunt bemalten Matroschkas über nachgebaute Fabergé-Eier bis zu handgefertigten Topflappen. Und wo es keine ‚Kleinkunst' gibt, da werden kühlende Getränke oder wärmende Fellmützen mit Ohrenklappen angepriesen. „Eigentlich bräuchtest du einen Sonnenhut für deine hohe

oben: über der Weichselmündung   unten: St.Petersburg, Rostra-Säule an der Newa

oben: St.Petersburg, Smolny-Kathedrale und Blutskirche   unten: St.Petersburg, Peterhof

Foto: Rudi

oben: St.Petersburg, Peterhof   unten: St.Petersburg, vor der Eremitage

oben: St.Petersburg, Eremitage   unten: St.Petersburg, Eremitage und Isaak-Kathedrale

Stirn!", legt mir meine liebe Gattin nahe. Aber eine winterliche Pelzmütze ist da wohl nicht das Passende bei mindestens 25 °C. Ein paar Meter weiter gibt es dann aber das Gesuchte: Baseball-Mützen. „Dann will ich aber eine mit einem Erinnerungswert, zum Beispiel an die noch laufende Fußball-WM in Russland!", bin ich zu einem Kompromiss bereit. Und prompt gibt es das auch: in schwarz oder weiß, jeweils mit dem WM-Pokal und ‚Russia 2018‘ darauf gestickt. „Schwarz steht dir besser", will meine Frau schon entscheiden, aber ich nehme weiß – weil es die Wärme besser reflektiert; schließlich ist das auch der Sinn einer solchen Kappe.

An den Kassenschaltern stehen lange Schlangen von Besuchern an. Unsere Reiseleiterin, mit ihrem roten Halstuch an einem langen Stecken zur besseren Orientierung, sucht ein Opfer, das so lange ihr Fähnchen hochhält, bis sie die Eintrittskarten für uns besorgt hat. Und diesmal hat Manfreds Frau gewonnen! An einer etwas schattigen Hauswand schart sich nun alles um unsere Irmgard. Aber nicht lange, dann wird sie wieder erlöst und wir werden durch die Eingangssperre geführt. Nachdem Treffpunkt und -zeit vereinbart wurden, können wir nun selbst die Anlage erkunden oder unserer Führerin zu den sehenswertesten Brunnen und Gebäuden folgen. Wir bleiben erstmal beim roten Fähnchen.

Von der Balustrade vor dem eigentlichen Palast haben wir einen guten Überblick über die große Brunnenanlage. Aus unzähligen Düsen, es soll bis zu 176 davon geben, springen die Fontänen bis zu 20 m hoch in den blauen Himmel. Dazwischen strahlen goldene, mindestens lebensgroße Figuren aus der Mythologie um die Wette. Die langen Treppen, die an den Springbrunnen entlang hinunter auf den unteren Teil der Parkanlage führen, sind schon von Unmengen an Schaulustigen belagert, und die bilden viele bunte Tupfer auf den Fotos. Die werden hier auch am laufenden Band geschossen, denn kaum ein paar Meter weiter, öffnet sich schon wieder ein neuer Blickwinkel auf die Brunnen. „Schau, ein Regenbogen!" Traudl hat ihn zuerst entdeckt; er bildet sich um die Hauptfontäne, die aus dem Maul eines goldenen Löwen in die Höhe schießt mit dem der ebensolche Samson gerade kämpft. Also mache ich das gleiche Foto nochmal, diesmal mit Regenbogen. Neben mir steht Manfred und fotografiert das gleiche Motiv. Und auch Rudi hat den Regenbogen entdeckt, nur von etwas weiter oben. Welches Foto es dann schließlich in das Fotobuch nach unserer Rückkehr schaffen wird?

Ein suchender Blick nach unserem roten Leitfähnchen, und dann geht es gemeinsam zur ‚Orangerie', einem länglichen, aber etwas geschwungenen Gebäude. Es wird wohl hauptsächlich für Empfänge und Hochzeiten verwendet, denn auch jetzt gerade postiert sich ein Brautpaar vor dem Gebäude, um vom Fotografen ein paar schöne Erinnerungsfotos machen zu lassen; die Braut in einem eleganten weißen Kleid, der Bräutigam in Uniform. Auch vor diesem Bauwerk springt natürlich eine Fontäne in die Höhe, diesmal mit einem goldglänzenden Zentauren in ihrer Mitte.

Nach ein paar Schritten stehen wir vor dem ‚Drachenbrunnen‘, der eigentlich Schachbrett-Kaskade heißt. Mehrere bunte Fabelwesen spucken Wasser, das dann auf einer langen, schachbrettartig gemusterten Schräge zu Tale plätschert. Und damit verlassen wir auch den ‚seriösen‘ Teil des Gartens und kommen in die ‚Wasserstraße‘, in der eine Reihe von Scherz-Fontänen die Besucher mit feuchten Güssen überraschen. Da stehen einige kleine Nadelbäume, aus deren Zweigen unvermittelt ein Wasserstrahl hervorschießt. Daneben blühen fünf künstliche Rosen, die bei Annäherung ebenfalls für eine Erfrischung sorgen. Und auf die weiße Bank sollte man sich auch nicht setzen, außer man kommt in Badekleidung. Am meisten Spaß haben die Kinder aber am Regenschirm. Wie ein überdimensionaler Pilz steht er auf einem kleinen Platz, und um seinen Fuß herum laden Bänke zum beschatteten Verweilen ein. Nur ein Haken ist dabei: Sobald man sich auf die Bank niedergelassen hat, fängt es aus seinem Schirmrand zu regnen an und hört so schnell nicht wieder auf. Wie soll man dann trocken wieder aus seinem nassen Gefängnis entkommen? Und diese Scherze hatte sich schon Peter der Große 1721 ausgedacht! „Übrigens kommt das ganze Wasser aus den Hügeln bis zu 30 km entfernt von Peterhof und speist die Brunnen nur durch den Druck seines natürlichen Gefälles", erklärt unsere Reiseleiterin.

Inzwischen sind wir bei unserem Rundgang an der Ostseeküste angekommen. „Da baden doch tatsächlich viele Leute in der Brühe!?", wundern sich Geli und Traudl gleichermaßen, denn nicht weit entfernt davon rasen die Tragflügelboote vorbei, die im Minutenabstand Besucher von und nach Sankt Petersburg bringen.

Unsere sechsköpfige Minigruppe trennt sich nun vom Rest, denn uns lockt ein Eis- und Getränkestand. Traudl wünscht sich ein Stieleis mit Mandeln, ich lasse mir etwas Halbgefrorenes im Becher geben und bezahle mit ein paar Rubeln. „Das ist ja schon abgelaufen, das tausche ich um!" Traudl hat auf das Datum auf ihrer Eisverpackung geschaut und festgestellt, dass das Datum schon einen Monat überschritten ist. Also zurück zum Verkäufer und auf Englisch eine Erklärung bezüglich Verfalldatum versuchen! Aber so ganz können wir uns dann doch nicht verständlich machen. Auch ein Hinweis auf das gedruckte Datum ruft nur einen fragenden Blick des Verkäufers hervor. Ein Kollege wird geholt, der zumindest ein paar Brocken englisch versteht. Auch er deutet immer wieder auf den kleingedruckten Text hin. Schließlich versuche ich doch auch nochmal, den vielsprachigen und in Mikroschrift verfassten Aufdruck auf der Tüte zu entziffern. „Es ist das Produktionsdatum! Und danach ist das Eis ein Jahr lang haltbar", das also ist ‚des Pudels Kern'. Hier wird nicht, wie bei uns, das Haltbarkeitsdatum angegeben, sondern das Herstellungsdatum! Das müssen wir doch gleich überprüfen: „Was steht denn auf deiner

Wasserflasche?", frage ich Manfred, der sich ein Fläschchen zur Erfrischung gekauft hat. Auf seinem Verschluss stehen sogar zwei Daten, Herstellung und Verfall. So beruhigt, kommt Traudl also doch noch in den Genuss ihres Eises.

Langsam schlendern wir nochmal quer durch den Park, neben dem Drachenbrunnen nach oben auf die Höhe des Schlosses, das wir ja leider nicht von innen besichtigen können, und machen wieder die gleichen Aufnahmen, die wir schon beim Eintritt in den Park gemacht haben. Dann geht es durch die Sperren hinaus und durch den Jahrmarkt hindurch zum Omnibus. Hoffentlich läuft dort die Klimaanlage schon!

Kunst oder Krempel

Mit leicht müden Beinen machen wir es uns im Bus wieder gemütlich. Die Temperatur ist angenehm, manche der Mitreisenden haben noch etwas in ihrem Lunchpaket gefunden und verdrücken es schweigend. Es ist überhaupt sehr ruhig geworden während der Rückfahrt zum Hafen...

„Wach auf, wir sind gleich da!" Meine Frau stößt mir ihren Ellbogen in die Rippen. Tatsächlich, wo ist die letzte halbe, dreiviertelte Stunde hingekommen? Dass ein gemütlicher Spaziergang so müde machen kann! Unsere Lunchbox ist leer, aber als ordentliche Menschen nehmen wir sie trotzdem mit aus dem Bus. Vor dem Zugang zu unserer Alexander Borodin steht aber ein Abfalleimer an der Kaimauer, und der bedeutet nun das Ende unserer Bekanntschaft.

Das Abendessen hat heute schon etwas mehr Stil: ein Salätchen, eine gute Suppe und das bestellte Essen. Vorsichtshalber steht auch heute wieder die ausgefüllte Speisekarte von gestern Abend auf dem Tisch, für den Fall, dass wir uns nicht mehr erinnern sollten, was wir uns gewünscht haben. Dazu gibt es auch schon den Plan für morgen zum Ausfüllen. Die Teller sind schön angerichtet, damit das Auge auch mitessen kann. Die Getränkekellnerin nimmt dazu unsere Wünsche auf und bringt Wasser und Bier. Und dann kommt der Nachtisch. „Steht da nicht auch Kaffee auf der Menükarte?", fragt Rudi vorsichthalber nochmal nach, denn zu seinem süßen Dessert würde ein Kaffee wohl gut passen. Stimmt, Kaffee und Tee werden auch ausdrücklich angeboten. Wir lassen also unseren Suchblick nach der Getränkemamsell schweifen und nach kurzer Zeit steht sie auch an unserem Tisch. Dreimal Kaffee wird gewünscht. Die Dame fragt nochmal nach, nickt dann aber und dreht sich um. Aber statt zu den bereitstehenden Glaskannen mit Kaffee und heißem Wasser zu gehen, sucht sie ihrerseits nun unsere zierliche Servierdame namens Aljona, wechselt ein paar Worte mit ihr und verschwindet wieder. Und der Kaffee wird prompt geliefert, aber eben von Aljona. „Aha, kalte Getränke bringt also die Bardame, für warme Getränke ist aber die ‚heiße' Kellnerin zuständig", schließt Manfred daraus. „Was meinst du mit ‚heißer Kellnerin'?", fragt daraufhin Irmgard skeptisch. „Nun, diejenige, die für heiße Getränke und Speisen zuständig ist!", stellt Manfred richtig. „Aber wer sollte demnach den Nachtisch bringen?", wende ich nun ein, aber wir wissen ja schon, dass es dafür keine eigene Kellnerin gibt. Wir beschließen: Aljona darf das ausnahmsweise auch weiterhin machen.

~.~

In Anbetracht des reichhaltigen Frühstücksangebots war das kleine Abendessen am ersten Abend eigentlich richtiger, zumindest mengenmäßig. Aber unsere vier Freunde haben ja auch einen anstrengenden Tag vor sich, wogegen wir beide es etwas ruhiger angehen lassen werden. Der vormittägliche Ausflug nach Puschkin und zum Katharinenpalast steht diesmal nicht mit auf unserem Plan, da waren wir vor zwei Jahren im Zuge unserer Ostseefahrt. Für uns gibt es daher einen halben Erholungstag mit längerem Frühstück und faulenzen an Deck.

Gegen 9 Uhr erfolgt eine Durchsage: „Um 10 Uhr werden wir kurz ablegen, da das Schiff, das zwischen uns und dem Ufer liegt, abfahren wird. In dieser Zeit können Sie die Alexander Borodin weder verlassen noch einsteigen!" Also ist doch auch für uns etwas geboten, und wir beobachten das Manöver ganz genau. Allerdings scheint es doch komplizierter zu werden als zunächst gedacht: Es müssen ja alle vier im Päckchen liegenden Schiffe losmachen und erst mal auf die Seite fahren; sprich etwas

Newa abwärts versetzen, damit der innenliegende Dampfer freie Fahrt stromaufwärts hat. So dauert das ganze Geschehen eine gute Stunde mit dem Erfolg, dass wir nun die Kai-Position einnehmen.

Zum Mittagessen werden auch die Ausflügler wieder zurückkommen, und bis dahin wollen wir noch dem Souvenirladen an der Pier einen Besuch abstatten. Vorsichtshalber tauschen wir auch eine unserer Schlüsselkarten gegen eine Landgangskarte ein und lassen uns vom Angebot des Geschäfts überraschen: Matroschkas, nachgemachte Fabergé-Eier, Brillen- und andere Etuis und Döschen und die unvermeidlichen T-Shirts; also das, was es überall zu kaufen gibt. Aber ein freundlicher Verkäufer erklärt uns bereitwillig die Besonderheiten der Fabergé-Eier, nachdem wir wohl ein paar Sekunden zu lange davor stehengeblieben sind. „Kitsch oder Kunst?" Wir sind uns da nicht so sicher, auch wenn viele der Eier kunstvoll aussehen. Aber das Besondere daran ist ja eigentlich das Innenleben. Manche Eier verstecken ‚nur' einen bunten Emaille-Blumenstraße unter der Schale, andere beherbergen eine ganze Mini-Kutsche mit abnehmbarer Kabine und drehbaren Rädern oder eine kleine echte Taschenuhr. Die Preise dieser Schmuckstücke sind vielleicht angemessen, aber für einen Staubfänger dann doch zu hoch.

Gerade, als wir wieder an Deck gehen wollen, rollt ein Omnibus auf die Pier. Geli und Rudi, Irmgard und auch Manfred steigen zwar sehr angetan, aber auch etwas geschafft aus. „Und, wie wars im Katharinenpalast?", bestürmen wir sie sofort. Es war schon eindrucksvoll, und natürlich sind wieder unendlich viele Fotos entstanden. Aber jetzt müssen die vier erst mal in ihre Kabinen und sich vor dem Essen noch schnell etwas frisch machen.

Auch wir bereiten uns auf das Mittagsmenü vor; und das in dem Bewusstsein, heute noch nicht viele Kalorien verbraucht zu haben.

Echte Kunst

Der Nachmittag gehört der Eremitage. Eremitage? „Da waren wir beide doch schon vor zwei Jahren!", hatte ich Traudl erinnert, als wir die Ausflüge planten. „Ja, aber bei den vielen Räumen kommen wir sicher auch zu Kunstwerken, die wir damals nicht gesehen haben", war ihre Argumentation dafür, noch einmal die Eremitage zu besuchen. Jetzt geht es also wieder los, wir alle sechs im fast vollbesetzten Omnibus. Damit die Kommunikation mit unserer offiziellen Dolmetscherin klappt, bekommen wir Ohrstöpsel verpasst, die uns die Erklärungen direkt ins Gehirn weiterleiten sollen.

Am Palastplatz mit der imposanten Alexandersäule sammeln wir uns und warten darauf, dass unsere Reiseführerin mit den Eintrittskarten zurückkommt. In der Zwischenzeit genießen wir das Panorama des weitläufigen Platzes vor der Eremitage und bewundern die Architektur der angrenzenden Gebäude. Uns gegenüber erstrahlt der ‚Triumphboden des Generalstabsgebäudes' im besten Fotolicht. Als wir schon alle unsere Kameras in Anschlag bringen, bremst uns Traudl noch: „Da kommt eine richtige Märchenkutsche! Die müsst ihr unbedingt mit aufs Foto bringen!" Tatsächlich, eine weiße, kugelförmige Kutsche mit vorgespanntem Schimmel kommt über den Platz gerollt; genau wie im Märchen von Aschenputtel, bei dem sich ein Kürbis in eine Prunkkarosse verwandelt. Sind wir nun im Märchen oder in der Realität? „Wer hat noch keine Eintrittskarte?", will unsere Anführerin wissen, und holt uns so schnell wieder aus unseren Träumen zurück.

Fotoapparate und Taschen werden am Eingang durchleuchtet, wir gehen durch den Metalldetektor hindurch und wundern uns, dass weder Gold noch Pech auf uns herabregnet – aber das ist ein anderes Märchen. Dafür piepst es ununterbrochen. Das scheint aber niemanden zu stören! „Wir sammeln uns im zweiten Stock am Ende der Treppe!" lautet die Anweisung unserer Chefin, denn es dauert doch etwas, bis alle Taschen durchleuchtet und die Toilettenbesucher für den Rundgang bereit sind. Also Treppe hinauf. „Sind wir jetzt im ersten oder zweiten Stockwerk?", rätseln wir, dort angekommen, denn eigentlich geht es gar nicht weiter nach oben. Die russisch und englisch beschrifteten Wegweiser verraten uns, dass wir in der zweiten Etage sind. Da fällt aber einem unserer Begleiter ein, dass hier das Erdgeschoß bereits als erster Stock gilt. Zweite russische Etage ist also gleich erstes deutsches Stockwerk – und wir sind hier wohl richtig!

Schließlich schafft es auch unsere Führerin quasi als Nachhut zu uns zu stoßen. Der Rundgang beginnt tatsächlich etwas anders als damals, aber am Ende sehen wir vielleicht doch 60 Prozent der Räume ein zweites Mal. Aber das macht nichts, dann einerseits sind schon allein die Räume in all ihrer Pracht einen weiteren Besuch wert, und darüber hinaus haben wir damals auch garantiert nicht alle Kunstwerke begutachten können, die in den Sälen untergebracht sind. Gleich zu Beginn werden wir mit etwas auch für uns Neuem überrascht: Wir besichtigen die Kapelle im Winterpalast, sozusagen die Privatkirche Katharinas II. Wie in vielen anderen Sälen dominieren hier die Farben Weiß und vor allem Gold und strahlen wohl deshalb so schön, weil auch dieser Bereich des Winterpalasts schon dreimal restauriert wurde, wie wir nebenbei über unsere Sprechanlage erfahren. Erst hatte es 1837 einen verheerenden Brand gegeben und später waren weitere Reparaturen nötig; zuletzt 2005.

In einem der weiteren Räume werden wir von vier Sängern in dunklen Anzügen erwartet. Wir kommen in den Genuss von zwei a cappella vorgetragenen Liedern, wobei die Stimmen perfekt aufeinander abgestimmt sind und in diesem Raum auch eine enorme Klangfülle erreichen. Zum Ende der Vorführung gibt es die Gelegenheit, dieses Erlebnis mit nach Hause zu nehmen; in Form von käuflich erwerbbaren CDs. Das lassen wir uns nicht entgehen und erstehen je eine CD mit weltlicher und mit kirchlicher Musik dieser Gruppe.

Weiter geht die Führung durch Räume und Säle mit Gemälden von da Vinci, Rubens, Rembrandt, Raffael und vielen anderen großen Künstlern vergangener Zeiten. Natürlich gibt es auch Bereiche, in denen vor allem sowjetische Kunst aus allen Bereichen des ehemaligen Reiches gezeigt wird; diese Säle erspart uns jedoch unsere Führerin. Aber die berühmten Prunksäle zeigt sie uns gerne: den Wappensaal, den großen Thronsaal und die Kriegsgalerie von 1812 mit den Konterfeis aller verdienten Generäle und Heeresführer. „Warum sind einige leere Rahmen aufgehängt?", kommt sofort die Frage von mehreren Besuchern gleichzeitig. „Es gibt verdiente Personen, von denen eben leider kein Gemälde existiert; man wollte sie aber trotzdem hier ehren!" kommt prompt die Erklärung über die Ohrstöpsel. Oder sind einige der großen Militärs inzwischen in Ungnade gefallen? Man weiß es nicht…

Am besten scheint allen der Pavillonsaal zu gefallen. Hier steht in einem großen Glaskasten die berühmte ‚Pfauenuhr', ein mechanisches Meisterwerk mit vielerlei bewegten Tieren. Jedoch hat der Pfau wohl gerade Pause, denn nur einmal am Tag schlägt er sein Rad und kräht aus voller Kehle. Und einen großen ‚Fehler' hat das Kunstwerk noch: es ist nicht russischer Natur, sondern wurde in den 1770ern in London gebaut. Im Pavillonsaal können wir auch den Mosaik-Fußboden bewundern, der einige Szenen aus der Mythologie darstellt. Zudem besteht hier die Möglichkeit, einen Blick nach draußen in den kleinen, aber schmucken Innenhof der Eremitage zu werfen, der auch als ‚hängender Garten' bezeichnet wird, da er auf dem Dach des Erdgeschoßes errichtet wurde.

Mir persönlich gefallen am Besten die überdimensionalen Vasen und großen Tische aus Halbedelsteinen wie Malachit und Lapis, die in diffiziler Puzzlearbeit aus dünnen Steinplättchen zusammengesetzt wurden. Aber auch die ebenso fein gestalteten Tische mit Intarsienarbeiten aus Edelsteinen oder ähnlich aufwändigen Türen mit Elfenbeinverzierungen reizen immer wieder zum Fotografieren.

Nach zweieinhalb Stunden verlassen wir die Eremitage wieder. Was hat uns am meisten beeindruckt? „Schwer zu sagen", meint meine Frau, „vielleicht die herrlichen Decken!" Stimmt ja, die hatte ich viel zu wenig beachtet. Nur bei den Loggien des Raffael, die denen im Vatikan nachgebildet sind, habe ich einige Aufnahmen nach oben gemacht. Unsere Freunde sind sich auch nicht so ganz einig, aber eigentlich ist es der Gesamteindruck, der uns alle fasziniert hat.

Do svidaniya, Sankt Petersburg

Heute Abend werden wir nun endlich ablegen! Gegen 19 Uhr soll es so weit sein, und deshalb muss vorher noch die obligatorische Seenotrettung durchgeführt werden. Eine Durchsage auf allen Decks macht uns gerade darauf aufmerksam und die Stimme gibt auch Anweisungen, was zu tun sei, wenn die sieben Sirenentöne erklingen: Rettungswesten finden und anlegen wie bei der Einführung gezeigt und mit festgezurrter Weste vor der Kabine im Flur warten, bis der Sicherheitsoffizier uns inspiziert hat. Soweit die Theorie.

Und dann heult es auch schon los, siebenmal. Im Kleiderschrank hatten wir ja die orangen Westen schon beim Einräumen entdeckt. „Ich komme mit den vielen Gurten nicht zurecht! Was kommt nun nach vorne und was nach hinten?" Meine Frau erinnert mich gerade an die Szene mit – war es Loriot? –, in der er versucht, einen Liegestuhl aufzustellen und schließlich total verheddert und hilflos zwischen Tuch und Holzgestell endet. Aber ein Bildchen hilft uns dann doch, die verschiedenen Gurte an die richtige Stelle zu bringen und sogar festzuziehen. Vor der Kabinentüre tummeln sich bereits unsere Nachbarn und die Leute von gegenüber. Aber mit den Rettungswesten wird es schon ziemlich eng in unserem schmalen Flur. Außerdem hat auch jeder seinen Fotoapparat mitgenommen, um dieses Schauspiel im Bild festzuhalten, was sich wegen des Platzmangels als gar nicht so leicht herausstellt. „Geli, schau doch mal her! Manfred, ich kann dich nicht sehen! Würden Sie sich bitte kurz zurücklehnen!?" Ich gebe es auf, ich kann einfach nicht alle unsere Freunde auf ein Foto bannen; dann muss ich halt mehrere Aufnahmen machen. Während wir uns nun gegenseitig ablichten, drängt sich auch eines der Streifenhörnchen durch die Reihen und begutachtet mehr oder eher weniger genau unsere Seenotrettungsausrüstung. Auch für ein Gruppenfoto stellt er sich gerne zur Verfügung; also für ein Foto mit Sicherheitsoffizier und einer Reihe von orangen Rettungswesten, denn weitere Köpfe sind kaum zu erkennen. Mit einem freundlichen „Spasiba!", ist dann auch schon wieder alles vorbei. Erleichtert schlüpfen wir schnell aus unserer Verkleidung, denn das Ablegemanöver wartet.

Auf dem Sonnendeck haben sich schon einige Passagiere eingefunden, die das Schauspiel miterleben wollen. Zur Feier des Moments gibt es einen russischen Sekt oder einen gelb-roten Cocktail für alle. Und dann heißt es „Leinen los!", aber natürlich auf Russisch. Ein anderes Schiff, das bis heute Mittag noch neben uns auf der Flussseite lag, ist inzwischen verschwunden, und so können wir ohne Hindernis gemächlich losdampfen. Mit Musikuntermalung verlassen wir Punkt 19 Uhr den sogenannten Flusshafen von Sankt Petersburg und steuern flussaufwärts dem Ladogasee zu. Die Unterquerung der großen Hängebrücke kurz hinter dem Hafen nehmen wir noch mit und schießen ein paar Fotos, bevor wir uns langsam zum Abendessen aufmachen müssen.

Im Tagesprogramm wird das heutige Mahl als ‚Gute-Reise-Abendessen' bezeichnet. „Ein ‚gutes

Reiseabendessen' wäre mir lieber!", habe ich mir gerade noch als Wortspielerei erlaubt, aber dann werden wir doch angenehm überrascht. ‚Rinderfilet an Rotweinsauce' oder ‚Lachsfilet an Weißweinsauce' lesen sich doch sehr vielversprechend. Und es ist auch lecker! Sogar die ‚gefüllte Tomate an Erbsenpüree' für unsere Vegetarierin wird gelobt. Und der Kaffee wird heute freiwillig von unserer Aljona angeboten.

Als wir danach wieder an Deck gehen, können wir gerade noch die letzten Strahlen der Sonne genießen. Auch die Ufer bieten hier einen ganz anderen Anblick, eher wie bei uns in einer Heidelandschaft. Dazwischen immer wieder schmucke Datschas der reichen Sankt Peterburger, aber auch mal eine lila leuchtende Fläche mit blühenden Pflanzen, deren Namen wir allerdings nicht kennen. Hinter uns kurven drei Jetski-Fahrer in atemberaubendem Tempo auf der Newa hin und her und eskortieren uns so ein Stückweit den Fluss hinauf.

Eineinhalb Stunden später, wir sitzen gerade nochmal an Deck und genießen einen schönen Cocktail als Sun-Downer, weitet sich die Newa und schickt sich an, in den Ladogasee überzugehen. Aber an diesem Ende der Newa, die somit nur etwa 74 km lang bis zu ihrer Mündung in die Ostsee ist, können wir im Dämmerlicht noch eine Festung erkennen: Schlüsselburg. „Um 1300 wurde die Festung gegründet, nur von wem ist bis heute unklar", liest Irmgard aus ihrem Reiseführer vor und zitiert weiter: „Entweder waren es die Schweden oder die Russen. Jedenfalls wurde hier einst der Grenzverlauf zwischen den beiden Staaten festgelegt!"

Nach dieser kleinen Geschichtsstunde verabschieden wir uns für heute Richtung Kabine.

Schleuse statt Ladogasee

Der Morgen beginnt für uns um kurz nach 7 Uhr genauso strahlend wie der Abend war, denn sofort nach dem Aufwachen ziehen wir die Vorhänge auf und blicken hinaus in die Sonne. In der Nacht sind wir auf den größten Binnensee Europas gefahren, und sowas will man sich ja nicht entgehen lassen! Aber wo ist der See? Nur vielleicht 15 Meter vor unserem Fenster ziehen Wälder vorbei! Dazwischen ein paar kleine Lichtungen, aber hauptsächlich Birken säumen unsere Wasserstraße. „Wir sind schon wieder aus dem See raus!", stellt Traudl leicht enttäuscht fest, während ich auf meinem Smartphone eine Ortsbestimmung mache: „Tatsächlich, wir sind bereits auf dem Fluss Swir! Fast 200 km muss unsere Alexander Borodin während der Nacht zurückgelegt haben, und wir haben davon nichts mitbekommen."

Nachdem wir ‚ausgehfertig' in unserer Freizeitkleidung die Kabine verlassen haben, wollen wir den Rundumblick vom Sonnendeck genießen. Aber hier ist bereits viel los! Die Morgengymnastikstunde hat schon einige Frühaufsteher hierhergelockt, und unter ihnen entdecken wir auch Irmgard, die zusammen mit einer Handvoll Bewegungssüchtigen munter ihre Runden zwischen den Tischen und Liegestühlen dreht. Und wo ist jetzt meine Frau abgeblieben? Sie hat sich dem Grüppchen angeschlossen und schwingt nun ihrerseits ihre Arme nach Anweisung der Vorturnerin hoch und runter! Ich finde auch eine passende Beschäftigung: Ich fotografiere die Akteure.

Und ich fotografiere den Schiffsverkehr hier auf dem Swir. Während ich noch die Frühsportler bewundere, überholt unser Kapitän einen Frachtkahn. Er scheint Schüttgut geladen zu haben, aber wegen seines geringen Tiefgangs wohl nicht sehr viel. Zwischendurch weitet sich der Fluss immer wieder oder die Lichtungen gewähren Einblicke in das Hinterland. Aber es sieht alles sehr sumpfig aus, auch einige Altarme des Swir kommen zum Vorschein.

„Was haltet ihr denn von frühstücken?", wage ich die inzwischen zur Ruhe gekommenen Turnerinnen zu fragen. Sie signalisieren ihre Zustimmung, wollen aber erst noch mal zu ihrer Erfrischung in die Kabine. Aber schließlich treffen wir uns dann doch alle an unserem Tisch im Restaurant und lassen uns das Frühstück schmecken.

Der freie Vormittag ist dann aber keineswegs langweilig! Zunächst ist eine Info über Moskau und speziell über den ‚nördlichen Flusshafen' im Tagesprogramm. Diese Veranstaltung findet schon heute statt – obwohl wir ja noch einige Tage auf den Seen, Kanälen und Flüssen unterwegs sein werden – weil die anderen Tage bereits mit Ausflugsprogrammen gefüllt sind. In der Sky-Bar erklärt uns Katja, die Phoenix-Reiseleiterin, wo wir anlegen werden und wie diejenigen, die auf eigene Faust die Stadt erkunden wollen, am besten die Moskauer Metro nutzen.

Als wir wieder ins Freie treten, sehen wir auch schon ein nächstes Highlight auf uns zukommen: die erste von gesamt 16 Schleusen. Moskau liegt sozusagen auf einer Anhöhe. Um auf dem Wasserweg dorthin zu gelangen, wurden diverse Flüsse gestaut und dazwischen Kanäle angelegt, was aber nicht ohne Schleusen funktioniert. So gibt es sogar zwei größere Schleusentreppen, bei denen gleich mehrere dieser Hebewerke unmittelbar hintereinander den Höhenunterschied bewältigen.

In unserer Flusskarte erreichen wir nun aber zunächst die ‚Swir-Unterlauf-Schleuse' kurz vor unserem ersten planmäßigen Stopp, dem Museumsdorf ‚Mandrogi'. Gute 12 m muss unser Schiff hier gehoben werden, um vom Niveau des Ladogasees auf die neue Höhe des Swir zu gelangen.

Vor der Schleuse wird der Unterlauf in zwei Teile separiert: der breitere Teil kommt von einer gewaltigen Staumauer, in der die Energie des Flusses zur Stromgewinnung genutzt wird. Unsere Alexander Borodin steuert aber den schmäleren Arm an, denn dort erwartet uns bereits ein geöffnetes Schleusentor und dahinter ein hohes, dunkles Loch, die Schleusenkammer. „Da sollen wir hineinpassen?", bezweifeln nicht nur wir. Die

Kammer ist zwar lang und hoch, aber keinesfalls zu breit! Vorsichtig dirigiert unser Kapitän sein Schiffchen auf das Tor zu. Rechts bleiben nur etwa 20 cm zwischen Schleusenwand und Schiffsrumpf; links sind es auch nicht mehr. So hat der Bootsmann wenigstens keine Mühe, sein Tau um einen der Schwimmpoller zu legen.

Kaum hat unser Dampfer aufgestoppt, schließt sich auch schon das untere Schleusentor und es beginnt der Aufstieg, erst langsam, dann aber doch deutlich erkennbar an der Schleusenwand. Nach 20 Minuten sind wir oben! Nun können wir auch den gestauten Swir-See in seiner ganzen Größe erkennen. Nicht weit vor der Schleuse warten bereits zwei Frachtkähne darauf, dass wir die Kammer frei machen. Wie bei der Einfahrt, so schafft es unser Kapitän auch jetzt wieder, ohne anzurempeln die Schleuse zu verlassen.

Nur noch ein paar Kilometerchen, dann werden wir in Mandrogi sein. Und dort erwartet uns heute ein Mittagessen der anderen Art: eine Schaschlikparty!

Party-Zeit

„Da vorne muss Mandrogi sein", entdeckt Rudi als erster. Dort liegen bereits drei Kreuzfahrtschiffe an einem Anleger, zwei im Päckchen und eines davor. Aber unser Kapitän scheint daran noch keinen Gefallen zu finden, denn er fährt an den Schiffen vorbei; nur, um kurz danach zu wenden und dann doch den Liegeplatz anzusteuern. Praktischerweise legt auch der einzelne Dampfer gerade jetzt ab, so dass für uns ein direkter Kaiplatz frei wird!

Bereits beim Frühstück hat uns eine Reiseleiterin auf ein Schildchen hingewiesen, das seit heute auf unserem Tisch steht: ‚Gruppe 3'. Diese Gruppeneinteilung gelte für die ganze Reise während der ‚inkludierten' Ausflüge, also für all jene Besichtigungen, die im Pauschalpreis enthalten sind und nicht separat gebucht werden mussten. Und unsere Ausflugsbegleitungen haben dann auch Schildchen mit der entsprechenden Nummer.

Nach Umtausch unserer Kabinenkarten gegen Ausflugskarten dürfen wir an Land. „Wo ist unsere Gruppe 3?", hören wir schon von verschiedenen Leuten ganz nervös, denn unsere Reiseleiterin ist noch nicht da. Aber wir haben ja auch noch genügend Zeit, es ist halb Zwei, und erst um 16 Uhr soll es weitergehen. Schließlich taucht doch das Schild mit der großen ‚3' auf. Die junge Trägerin der Tafel erklärt uns, dass wir zunächst zur Schaschlikparty gehen werden, und zwar – welche Überraschung – in Zelt Nummer 3.

Da Mandrogi ein Museumsdorf ist, also nur noch für Touristen betrieben wird, kommen wir an vielen Andenkenständen vorbei. Hier gibt es massenweise Matroschkas, Eier im Stil von Fabergé, Topflappen, verzierte Brillenetuis – also wie überall. Aber ein Kinderspielzeug, das wir bisher nicht gesehen haben, fasziniert dann auch die Großen: Eine runde Holzplatte, vielleicht 20 cm im Durchmesser, und darauf im Kreis acht Hühner, die bei gleichmäßig runder Bewegung des ganzen Teils anfangen, das virtuelle Futter in der Plattenmitte aufzupicken. Nett! Aber langsam knurrt uns der Magen, und wir stürmen das Zelt Nummer 3, ein Zelt für mindestens 300 Personen! Schon an seinem Eingang riecht es verführerisch. Auf großen Grills brutzeln bereits Spieße mit Fleisch und daneben Gemüsespieße. In einer Art Gulaschkanone dampft der bunte Reis, und auf den Tischen davor stehen gut gefüllte Salatschüsseln und Becher mit Rotwein. Seitlich im Zelt ist eine Bühne integriert, und die Lautsprecher daneben verheißen nichts Gutes. Wir setzen uns daher möglichst weit entfernt von diesen an einen der langen Tische. Unser Grüppchen verliert sich fast in diesem Zelt, aber es kommen doch noch andere Leute hinzu. „Werden wir hier bedient oder müssen wir selbst schauen, wie wir zu unserem Mittagessen kommen?" Aber offensichtlich haben andere Gäste das System schon kapiert: Getränke – außer dem Wein – verkauft ein Mitarbeiter für 100 Rubel am Tisch. Die Speisen holt man sich selbst an den Grillstationen und bedient sich mit Salaten; Plastikgeschirr steht dazu bereit. Das Essen ist zwar etwas rustikal, aber geschmacklich nicht zu beanstanden.

Und dann betritt ein Trio die Bühne. Ein Gitarrist, ein Akkordeonspieler und eine Sängerin, alle in farbenfroher Tracht. Dann erstirbt die Konversation an den Tischen. Die Musik hat eingesetzt, und das in einer Lautstärke, dass sicher auch noch die anderen Zelte beschallt werden. Nur noch mit lautem Zurufen oder in Zeichensprache verständigen wir uns untereinander, ergreifen dann aber möglichst bald die Flucht aus dem Zelt. In 100 m Entfernung können wir schließlich zu einer normalen Unterhaltung übergehen.

Um die Verpflegungszelte herum stehen viele Holzhäuser, die entweder woanders abgebaut oder hier einfach nur nachgebildet wurden. Aber das Besondere daran ist das Leben darin! Denn alle Häuser sind ‚bewohnt‘, oder zumindest wirken sie so. Überall wird einem typischen Handwerk nachgegangen, vom Weben auf einem alten Webstuhl über gestickte Handarbeiten bis hin zum Bemalen von Matroschkas oder zu Glasbläserarbeiten. Sogar die Nebenräume wie Kinderstube oder Heustadel sind komplett eingerichtet, und in einer Dachkammer sitzen zwei Schwalben nur einen Meter entfernt auf einer Holzstange. „Wer beobachtet hier eigentlich wen? Die Vögel die Besucher oder umgekehrt?", versucht Traudl herauszufinden.

Eine Windmühle gehört ebenso zu diesem Ensemble wie natürlich auch eine Kapelle. Ergänzt wird die Anlage durch ein neues Gebäude mit modernem Kunsthandwerk und Bekleidung, aber auch diversen Imbiss-Ständen und einem winzigen ‚Supermarkt‘. Wer nicht zu Fuß Mandrogi erkunden will, für den stehen Pferdefuhrwerke bereit. Es soll auch einen kleinen Zoo geben, aber der ist auf der anderen Seite eines schmalen Flusslaufs, und die Brücke dorthin wird gerade neu gebaut.

Da die Sonne immer noch auf uns herabbrennt, wählen wir unseren Weg zwischen den Gebäuden möglichst im Schatten. Aber auch bei den Kunsthandwerken ist es meist kühl, außer beim Glasbläser, dem schon die Schweißperlen auf der Stirn stehen; aber er hantiert ja auch mit offener Flamme. So halten sich unsere Damen bei den Keramikarbeiten und den Pelzen (!) länger auf, und ich entdecke inzwischen eine Umgebungskarte der Wasserstraße von Sankt Petersburg nach Moskau. „Damit wir unsere Fahrt besser verfolgen können!", begründe ich die Ausgabe. Und außerdem gibt es die Karte auch in Deutsch.

Wegen Sonne und Mücken kehren wir noch vor der letzten Einschiffungszeit zurück an Bord. Erleichtert verkünde ich: „Jetzt eine kühle Dusche, und dann bin ich wieder ansprechbar!"

Im Onegasee

Wir fahren wieder! Während des Abendessens hat unser Kapitän die Leinen lösen und die Abfahrtsmelodie über die Bordlautsprecher spielen lassen. Zum Ausklang des Abends – im wahrsten Sinne des Wortes – trägt unser musikalisches Duo russische Volksweisen in der Sky-Bar vor. Dazu hat sich die Sängerin, die an sich schon eine stattliche Figur hat, kleidungsmäßig noch etwas zusätzlich aufgeplustert und stellt damit noch einen größeren Kontrast zu ihrem schmächtigen Keyboard-Begleiter dar. Aber musikalisch sind beide wirklich gut; nur für die Sängerin wäre eine große Konzerthalle angemessener. Mit ihrem Stimmvolumen hätte sie auch ein Stadion beschallen können. Allerdings habe ich einen Teil der Lieder gar nicht richtig mitbekommen, denn während die Sängerin die ‚Abendglocken' darbringt, hat sich die Alexander Borodin einer weiteren Staustufe genähert, der Swir-Oberlauf-Schleuse. Und um auch diese Einfahrt mitzuerleben, habe ich mich durch die Hintertür aufs Außendeck geschlichen.

Nach der Vorführung treffen wir uns wieder auf dem Sonnendeck zu einem Cocktail; langsam wird es jetzt schon Tradition, dass wir den Sonnenuntergang auf diese Weise begießen. Aber heute lassen wir uns nicht vom ‚Cocktail des Tages' verführen, sondern jede und jeder bestellt ein anderes Mixgetränk. Als der Ober das Tablett mit den gewünschten Drinks bringt, muss ich zum Fotoapparat greifen. So eine bunte Zusammenstellung gab es wohl noch selten! Grün, orange, gelb, rot, weiß, Getränke in allen Farben werden auf unseren Tisch gestellt. Und dazu bunte Plastikspießchen mit grünen und roten Cocktailkirschen und knallige Trinkhalme. Da lässt sich auch der Ober gerne mit seinen Kreationen ablichten.

Bevor wir uns in die Kabinen verabschieden, genießen wir nochmal den Ausblick auf die weiten Ufer des Swir.

Anscheinend kommen wir schon bald in den Onegasee, denn die Ufer ziehen sich immer weiter zurück; und das machen wir nun auch.

~.~

Kurz nach 7 Uhr sind wir wieder auf den Beinen. Beim Blick aus dem Fenster wundern wir uns aber dann doch: Eigentlich schaut die Landschaft genauso aus wie gestern Abend. „Müssten wir nicht mitten im Onegasee sein?", frage ich Traudl überrascht, denn das hier sieht eher nach einer Flusslandschaft aus! Zur Klärung aktiviere ich wieder meine Landkarte im Smartphone und bin dann aber doch beruhigt; der Kapitän hat sich nicht verfahren! Der Nordteil des Onegasees, also dort, wie wir auch sein sollten, besteht aus mehr Inseln als Wasserflächen. Und eine der größeren Inseln steuern wir auch gerade an. Auf ihrem Landrücken können wir sogar eine kleine Kirche ausmachen, typisch aus Holz und mit mehreren Kuppeln. „Das muss schon Kischi sein", schließe ich aus dem, was ich aus dem Fenster erkennen kann und dem, was mir mein Smartphone verrät. „Dann legen wir ja gleich an!?", überlegt Traudl und eilt schon mal ins Bad.

Und es stimmt. Während wir uns gerade zum Frühstück niederlassen, kommt auch schon ein Anleger in Sicht. Etwas abseits liegen ein paar alte und schon fast verrostete Kähne, aber wir machen an einer schönen und stabilen Landungsbrücke fest. Wir sollen uns, laut einer Durchsage, in einer halben Stunde an Land mit unserer

Führerin Nummer drei treffen. Kurzes Frühstück, ein Abstecher in die Kabine und dann nichts wie raus!

Am Ufer warten auf uns wieder die üblichen Souvenirstände, diesmal aber nett in kleinen Holzhäuschen untergebracht. Bereits jetzt flüchten sich viele Besucher vor der Sonne in die kühleren Geschäfte, bis Katja mit dem Täfelchen Nummer drei auftaucht und uns zum Mitkommen auffordert. Erst entlang des schilf- und baumbestandenen Ufers, dann aber auf staubigen Wegen über die ungeschützten Wiesen nähern wir uns dem UNESCO-Weltkulturerbe Kischi. Dessen Zentrum besteht aus einer mit Holzpalisaden umrandeten Kirchenanlage mit Winter- und Sommerkirche und einigen kleinen, an die Umrandung angelehnte Häuschen und Schuppen.

„Das ist ja alles nur eine Baustelle!?", regen sich Zweifel, ob das hier wirklich die Topsehenswürdigkeit ist. Die größere der Kirchen, also die unbeheizbare Sommerkirche mit ihren berühmten 22 Kuppeln, ist komplett eingerüstet. Und bis 22 können wir schon gar nicht zählen! Wenn es hochkommt, ist etwa die Hälfte der Kuppeln hinter dem Gerüst zu erkennen, und die sind offensichtlich erst kürzlich erstellt worden. Ist das dann ein ‚Weltkulturerbe'?

Unsere Katja sammelt uns in einem schattigen Winkel und stellt uns einen ortsansässigen Reiseleiter vor, der uns nun die Situation erläutert: „Unsere Gebäude aus dem 18.Jh. sind beste Beispiele für die karelische Holzbaukunst. Also auch die Kirchen sind komplett aus Holz errichtet. Neben Kiefernholz für den Kirchenbau kommt für die Kuppeln und Dächer das Holz der Pappeln und Erlen zum Einsatz, da es sehr wetterfest ist. Aber auch das muss in regelmäßigen Abständen erneuert werden, was wir zurzeit an der Christi-Verklärungskirche machen. Wir zeigen ihnen später, wie die Dachschindeln nach wie vor von Hand hergestellt werden."

Aha, wir kommen also zur falschen Zeit. Aber auch die Winterkirche mit ihren zehn Kuppeln ist sehr schön, und wir werden in ihr Inneres geführt, wo uns drei Männer in schwarzer Mönchskutte erwarten und gleich ein Kirchenlied anstimmen. Die sonoren Stimmen klingen in dem kleinen Raum besonders schön, denn die Holzwände bieten eine ideale Resonanz, und die alte Ikonostase rundet den Gesamteindruck perfekt ab. Auch hier könnten wir die Gesänge des Terzetts auf CD kaufen. Tun wir aber nicht.

Der Glöckner von Kischi

Weiter geht's zu einem der großen Bauernhäuser auf dem Gelände. Hier leben tatsächlich noch 80 bis 100 Leute dauerhaft, verstreut auf diverse Höfe, aber nicht mehr vom Fischfang und einer kleinen Landwirtschaft wie früher, sondern in erster Linie vom Tourismus. Dafür werden überall die gängigen Handwerke vorgeführt und deren Produkte meist schon vor dem Haus zum Kauf angeboten.

Überraschend sind die Flechtarbeiten aus Birkenrinde, mit der man Körbe und Kästchen herstellen kann. Sogar Gefäße für Flüssigkeiten lassen sich daraus fertigen! An anderer Stelle wird eine der typischen Winterarbeiten demonstriert, das Schnitzen von Spielzeug und Haushaltsgegenständen.

Unsere größte Bewunderung gilt aber dem Holzschindelschnitzer. Nur mit einem rasierklingenscharfen Beil bewaffnet, stutzt er ein Stück Pappelholz so zurecht, dass es die ideale gebogene Form für eine Kuppel bekommt. Und auch die zackenförmige Verzierung schlägt er mit wenigen Hieben aus dem Material. Wir erfahren, dass er nur einer von vielen Spezialisten ist, die hier für die Neueindeckung der Kuppeln aktiv sind, und das alles in reiner Handarbeit.

Mitten auf der fast kahlen Insel steht auch eine Windmühle, mit der das spärlich wachsende Getreide zu Mehl verarbeitet wurde. Dann kommen wir zu einer Kapelle mit nur einer kleinen Zwiebel, aber dafür mit einem breiten, achteckigen Turm, unter dessen Dach etwa ein Dutzend Glocken hängen. Rund um diesen Turm haben sich inzwischen schon mehrere Gruppen an Inselbesuchern eingefunden, und wir kommen gerade noch rechtzeitig dazu, denn schon beginnt ein Glöckner an den Stricken zu ziehen, die an den Klöppeln befestigt sind. Und, oh Wunder, es erklingt nun nicht etwa ein buntes Durcheinander an Glockentönen, sondern eine eingängige Melodie! Dazu hat sich der Glockenspieler die

Strickenden um seine Finger, Handgelenke und Ellbogen gewickelt und zappelt nun gut zwei Minuten lang wie der Spieler einer lebhaften Marionette im Glockenstuhl umher. „Kaum zu glauben, dass dabei eine so schöne Melodie erklingt!", ist die einhellige Meinung der Zuhörer, die sich bei dem Glöckner mit viel Applaus bedanken.

Etwas weiter kommen wir an einer Ausstellung im Freien vorbei, in der wir die Holzkuppeln auch mal von der Nähe bestaunen können. Eine wie die andere, reihen sich die Schindeln aneinander und schaffen so eine regendichte Kuppel. Daneben gehen wir durch die ‚Grundmauern' eines kleinen Bauernhauses, die aber natürlich auch nur aus Holz geschaffen wurden. Dafür können wir hier genauer studieren, wie die Wände, Türen und Fenster ineinander verzahnt wurden.

Und dann könnten wir noch die ganze Insel bis zu ihrer Nordspitze ablaufen, aber es ist doch inzwischen noch wärmer geworden, und es zieht uns stattdessen zum klimatisierten Schiff zurück; nicht ohne einen kleinen Zwischenstopp in den Geschäften vor unserer Landungsbrücke. Die Verkäufer machen jedoch mit uns keinen Umsatz; es gibt keine gekühlten Light-Getränke, und die Preise der Souvenirs sind auch keine Schnäppchen. Wer kauft schon die wollenen Decken und Umhänge oder gar die Pelzmützen mit Ohrenklappen bei diesem schönen Wetter?

Auf der Brücke

Das Mittagessen und der frühe Nachmittag an Deck laufen in den inzwischen gewohnten Bahnen. Bis zur Durchsage. „Unsere interessierten Gäste können sich nun zur Brückenbesichtigung bereithalten; die Uhrzeiten für die einzelnen Gruppen finden Sie in Ihrem Tagesprogramm. Treffpunkt ist an der Backbordseite auf dem Sonnendeck!" „Herbert, du hast doch immer dein Tagesprogramm dabei. Wann ist denn unsere Gruppe 3 an der Reihe?" Manfred, der wie wir alle an der Seite des Schiffs wie Perlen aufgereiht sitzt – denn der Umgang ist nicht sehr breit – hat inzwischen mitbekommen, dass ich immer das aktuelle Programm in meiner Gesäßtasche dabeihabe. Also stelle ich mein Bitter Lemon beiseite und lese vor: „14 Uhr Gruppe 1, 14 Uhr 20 Gruppe 2 und 14 Uhr 40 Gruppe 3, also wir." Gut, dann bleibt uns noch eine dreiviertel Stunde für eine kurze Siesta, schließlich haben wir Urlaub!

Fünf Minuten vor unserem Termin stehen wir an der Backbord-Reling bereit. Durch die Fensterscheiben sehen wir, dass die Gruppe 2 noch in heftiger Diskussion mit dem Kapitän ist. Aber bald darauf wird sie auf der Steuerbordseite aus der Brücke hinauskomplimentiert und wir dürfen in das Allerheiligste eintreten. Der Kapitän lässt uns durch seine Chefdolmetscherin begrüßen und erzählt uns einige Daten seiner Alexander Borodin wie

Baujahr und -ort, Tiefgang, Geschwindigkeit, Personal an Bord und vieles mehr. So erfahren wir, dass das Schiff 1977 in Deutschland (!) gebaut und seitdem mehrmals renoviert wurde. Da fühlen wir uns doch gleich wie zuhause!

Dann folgt eine Fragerunde, in der bereitwillig hauptsächlich technische Fragen beantwortet werden. In der Zwischenzeit studieren wir die verschiedenen Hebel, Knöpfe und Anzeigen, werden aber nicht immer aus der kyrillischen Bezeichnung schlau. Die Computertastatur fasziniert mich und ist eine Aufnahme wert: Außer den Zeichen einer US-amerikanischen Tastatur sind zusätzlich auch die russischen Buchstaben in Rot aufgedruckt. Aber nicht etwa auf den Tasten, die ihnen lautmäßig entsprechen, sondern nach unserer Meinung wirr durcheinander. So befindet sich das hiesige N (kyrillisch ‚H‘ geschrieben) auf dem Y, das ‚P‘, was unserem R entspricht, steht aber auf unserem H, und so weiter. Wer soll sich da auskennen? Wir erfahren auch, dass unser Dampfer sowohl drei Maschinen als auch drei Steuerstände hat, einen in der Mitte und an jeder Außenseite einen. Momentan fahren wir aber nur mit der mittleren Maschine, und der Maschinentelegraf zeigt auch nur ‚mittlere Fahrt voraus‘ an, aber natürlich auf Russisch.

Zwei Radargeräte werden uns noch präsentiert, und am PC die modernen Flusskarten mit den wichtigen Tiefenangaben, denn gerade in den Seen fehlt oft die Betonnung, und die Fahrwasserrinnen sind manchmal nur recht schmal ausgebaggert. Schließlich will noch ein Brückenbesucher wissen, wo denn das Steuerrad sei. Der Kapitän verweist auf ein kleines halbrundes Lenkrad nahe dem Mittelfenster und erklärt, er sei froh, dass es hier nicht nur ein kleiner Joystick ist wie auf manchen der viel größeren Schiffe. Dann werden auch wir durch die Steuerbordtür entlassen, gerade noch rechtzeitig für die ‚Russische Teestunde‘, wie sie im Tagesprogramm ausgewiesen ist.

Schon am Eingang zu unserem Restaurant begrüßen uns die Kellnerinnen, heute dem Anlass angemessen in Tracht. Auf dem Weg zu unserem Tisch am hinteren Ende des Lokals entdecken wir eine Reihe von bunten Samowars. „Das ist aber ein Schwindel! Die haben ja gleich den fertigen Tee in den Wasserbehälter gefüllt!“, stelle ich etwas enttäuscht fest. Vermutlich hat man den Gästen nicht zugetraut, den Umgang mit einem Samowar zu kennen. Etwas Verwirrung stiften dann doch einige Gäste, als sie statt Tee lieber einen Kaffee möchten. Darauf ist man hier während einer offiziellen ‚Teestunde‘ nicht eingerichtet! Unsere Aljona versucht dann aber doch, eine Kanne Kaffee aufzutreiben. Dazu gibt es russisches Kleingebäck in verschiedenen Formen und von süß bis salzig, einschließlich Lebkuchen – mitten im Juli. Kuchen und Torten, wie wir sie in unseren Cafés kennen, sind in Russland anscheinend nicht üblich. Aber jedenfalls ist es eine nette Abwechslung und passende Überbrückung bis zum Abendessen. Ich glaube, es ist an der Zeit, mal unsere Gürtelweite zu kontrollieren!

Schleuse 3

Aber noch vor dem Abendessen zeigt uns ein Blick auf den Onegasee, dass die Ufer wieder weiter zusammenrücken; wir verlassen den See in Kürze und setzen unsere Flusskreuzfahrt auf dem ‚Wytegra-Kanal' fort, wie dieses Stück des ‚Wolga-Ostsee-Kanal' bezeichnet wird. Seine Länge beträgt nur etwa 50 km, aber das Besondere an seinem Verlauf ist, dass er in sechs Staustufen rund 80 m Höhendifferenz aufweist, also pro Schleuse bis zu 17 m! Und damit sich die Schleusung auch lohnt, fährt vor uns ein anderes Kreuzfahrtschiff gleicher Bauart wie unsere Alexander Borodin, mit dem zusammen wir die Treppe überwinden werden. Aber jetzt halten wir erst mal noch fast einen Kilometer Abstand, damit wir nicht zu viel von seinen Auspuffgasen abbekommen.

Der See geht zu Ende, und die Ausfahrt ist mit Richtfeuern gekennzeichnet, große rot-weiß-rote Tafeln. Dabei stehen zwei gleichartige Markierungen mit etwas Abstand hintereinander am Ufer und zeigen so die Richtung an. „Ich glaube, hier dürfen nur Österreicher fahren!?", scherze ich, aber ernte dafür nur einen fragenden Blick. „Na, nur mit rot-weiß-roter Fahne eben!", ergänze ich als Erklärung.

Aber unsere Aufmerksamkeit gilt inzwischen schon einem entgegenkommenden Frachtschiff, das anscheinend Flüssigkeiten transportiert; die vielen Rohranlagen an Deck lassen es zumindest vermuten. Und zwischen den silberglänzenden Rohren ist ein Netz gespannt, über das die meist junge Besatzung so etwas wie Volleyball spielt – bei voller Fahrt des Tankers. „Wie viele Bälle die wohl unterwegs über Bord gehen lassen?", fragt sich Geli.

Unsere Blicke richten sich schon wieder auf ein anderes Ziel, diesmal am Ufer: ein riesiges Holzlager. Ganze Baumstämme liegen dort, zu Tausenden schön hoch gestapelt und in drei Reihen hintereinander, und ein mächtiger Schwimmkran verlädt eine ‚Handvoll' dieser astlosen und entrindeten Bäume nach der anderen auf einen danebenliegenden Frachtkahn. Dass bei so vielen Wäldern das Holz als Baumaterial eine große Rolle spielt, ist naheliegend – zumindest in ländlichen Regionen. Oder machen sie etwa Zahnstocher für die Westeuropäer daraus?

„Wo bleiben denn nun die Schleusen?", fragen wir uns, denn auf der Flusskarte, die ich in Mandrogi gekauft habe, müsste die erste schon sehr bald nach dem Onegasee zu sehen sein. Und es dauert auch nicht mehr lange, da taucht Schleuse Nummer 3 unserer Reise vor uns auf, aber auf diesem Kanalabschnitt beginnt die Nummerierung wieder von vorne. Und daneben liegt auch der Hauptort Wytegra, der dem Kanal seinen Namen geliehen hat. Kurz vor der Schleuseneinfahrt überquert eine Straßenbrücke den

Kanal. Ein Schild warnt vorsichtshalber vor der Durchfahrtshöhe von 15,9 m, also bitte ‚Köpfe einziehen!‘ „Habt ihr die schöne Anlage gesehen?", begeistert sich Traudl ob der großen Blumenrabatten und der tischtuchgroßen Wappen zu beiden Seiten des Schleusentors, links ein rotes Wappen mit Reichsapfel, Schwert und Krone, rechts eines mit Schiffsbug, zwei Bären, Schwertern und einem Thron.

Dann verschwindet unser Dampfer in der Schleusenkammer, nicht lange nach dem vorausfahrenden Kreuzfahrtschiff. Unser Kapitän hat wohl die langsamste Fahrt eingelegt, denn er manövriert sehr bedächtig bis auf Tuchfühlung an das vorausfahrende Schiff heran. „Wie lange ist eigentlich unser Schiff? Viel Platz ist ja jetzt nicht mehr in der Schleuse!", überlegt Irmgard. 125 m hat unsere Alexander Borodin, und das Schiff vor uns vermutlich auch; macht 250 m. Die Schleuse ist – wieder laut meiner Karte – 264 m lang. Bleiben doch locker noch 14 m zum Rangieren! Aber was ist das schon bei diesen Ausmaßen? Auch an den Seiten ist es kein halber Meter bis zur Schleusenwand.

Gute 10 m geht es hier nach oben, und erst nach 20 Minuten können wir den Oberlauf von Deck aus sehen. „Wo ist denn die nächste Schleusenstufe?", wundert sich Rudi, der sie wohl gleich im Anschluss an Schleuse Numero 1 der Treppe erwartet hat. Mein Plan gibt Auskunft: Auch wenn es auf der Karte so aussieht, als ob die einzelnen Stufen unmittelbar aufeinander folgen würden, so sind doch zwischen ihnen jeweils ein bis sechs Kilometer Abstand.

Die nächste Schleuse sehen wir nur durch das Fenster des Restaurants. In Anbetracht der noch kommenden vier weiteren Schleusen genießen wir erst mal in Ruhe das Abendessen. Aber als Geli, Rudi und Manfred ihren Kaffee ordern, hält es mich nicht mehr am Platz, Schleuse Nummer 3 – oder unsere fünfte insgesamt – liegt unmittelbar vor uns. Ich entschuldige mich und entwische gleich durch die Hintertür des Restaurants auf das Außendeck. Es ist kurz vor 21 Uhr, und das Licht reicht noch locker für ein paar Aufnahmen. Aber eigentlich sieht diese Schleuse genauso aus wie ihr Vorgänger; muss man sie und die kommenden Schleusen dann wirklich alle nochmal fotografieren?

Noch eine weitere Schleuse schauen wir auf unserem Verdauungsspaziergang um das Schiff bei Dämmerung an, dann entscheiden wir uns für den Rückzug. Morgen ist auch noch ein Tag und es kommen weitere Schleusen.

Besuch bei Kirill

Wir sind wieder auf einem See. Der erste Blick aus unserem Fenster verrät uns, dass wir heute Nacht das meiste des Wytegra-Kanals verschlafen haben, und nun mitten im ‚Weißen See' sind. Und der hat auch schon wieder eine Länge von rund 50 km und ist fast genauso breit, also schon ein kleines Meer.

Wir sind gerade mit unserer Morgenspeisung fertig, als wir auch schon eine eindrucksvolle Ruine etwa einen Kilometer voraus entdecken. Völlig vom Wasser umspült, steht sie da, vielleicht 30 m vom Backbordufer entfernt. „Es ist die ‚Tsekov…‘, nein – ‚Tserkov Rodes…‘, nein, auch nicht – ‚Tserkov Rozhdestva Khristova‘ oder so ähnlich." versucht Traudl den kyrillischen Buchstaben aus der Flusskarte zu entnehmen. Da befrage ich doch lieber mein Übersetzungsprogramm im Smartphone: „Es ist die ‚Kirche der Geburt Christi‘. So findest du sie doch sicher in unserem Reiseführer!" Und tatsächlich, da steht, dass die Kirche von etwa 1790 durch das ansteigenden Wasserniveau in den 60er Jahren des letzten Jahrhunderts aufgegeben und 17 km weiter weg neu errichtet wurde. Und das alles nur, um den nun hier beginnenden Fluss Scheksna schiffbar zu machen! „Dann kann es ja nicht mehr weit bis Gorizy sein." stellt auch Manfred beim Blick in die Karte fest. Stimmt, in Gorizy ist unser nächster Stopp geplant, denn der Ausflug zum Kloster ‚Kirillo Belozersky‘ findet von dort aus statt.

Aber zunächst folgen wir noch ein paar Kilometer der Scheksna flussabwärts. „Flussabwärts? Bisher sind wir doch immer stromaufwärts gefahren!", meint der ehemalige Segler und daher auch wasserkundige Rudi. Dank der Schleusen, die wir ja teilweise verschlafen haben, sind wir inzwischen in der Scheitelhaltung unseres

Wolga-Ostsee-Kanals angekommen. Bis zur Wolga geht es jetzt wirklich erst mal leicht bergab, und das stets in sicherem Abstand zu dem noch immer vorausfahrenden Kreuzfahrtschiff. Durch die Wehre und Schleusen vor und hinter uns, ist die Scheksna aber zu einem weit ins Hinterland ausufernden Fluss geworden.

In Gorizy kommen wir planmäßig erst gegen 13 Uhr an. Als Vormittagsunterhaltung hat unser Veranstalter einen Vortrag im Tagesprogramm angeboten, den wir auch gerne besuchen: ‚Die russische Küche'. Zwar haben wir schon einige Eigenarten der hiesigen Speisen kennen gelernt – das Gebäck bei der Teestunde oder das erste Abendessen an Bord – aber jetzt erfahren wir auch, was es in dieser Gegend an regionalen Gemüsen gibt und wovon sich der Großteil der doch recht armen Bevölkerung ernährt. Kohl und Kartoffeln, aber auch mal Kartoffeln und Kohl oder eben mal nur Kartoffeln. An Festtagen kommt auch mal ein Stückchen Fleisch aus eigener Zucht in den Kochtopf. Als Volkssport könnte man die Pilzsuche in den Wäldern bezeichnen, die zur richtigen Jahreszeit etwas Abwechslung in die Küche bringt. Etwas bunter haben es da die Anwohner an den Flüssen; bei ihnen stehen auch öfters mal Fische auf dem Speiseplan, sofern sie sie nicht verkaufen konnten. Im Winter gibt es zudem gerne eingemachte Gurken und Sauerkraut. Auf der Alexander Borodin werden wir aber kaum etwas von dieser mageren Küche mitbekommen; hier versucht man schon, sich an den westlichen Standards zu orientieren.

Einen besonderen Hinweis gibt es noch auf das Nationalgetränk ‚Kwas'. Geschmacklich ähnlich unserem Malzbier, wird dieses Getränk typischerweise aus vergorenem Brot hergestellt und hat nur einen geringen Alkoholgehalt. Statt Brot werden aber auch immer wieder andere Zutaten verwendet. Wenn wir wollen, können wir es uns gerne mal an der Bar oder zum Essen bestellen. Das muss mal probiert werden!

Schon beim folgenden Mittagessen überlege ich mir, ob ich den Versuch wagen soll, vertage das dann aber auf das Abendessen. Unser Ausflug steht ja noch bevor, und dabei möchte ich doch noch nüchtern bleiben. Bereits während unseres üblichen Kaffees zum Dessert schickt sich der Kapitän an, in Gorizy festzumachen. Also heißt es auch für uns, alles klar machen für den Ausflug.

Mit Bussen – gruppenweise, wie gehabt – fahren wir etwa zehn Minuten vom kleinen Anleger in Gorizy bis nach ‚Kirillow', wo uns eine große Klosteranlage aus dem 15.Jh. und eine örtliche Reiseführerin – etwas jünger – bereits erwarten. Nach 100 m Fußmarsch durch eine kleine Gartenanlage, in der mit schwerem Gerät der Natur nachgeholfen wird, stehen wir vor dem Eingangsturm, dessen Durchgang zum Innenhof vollständig mit gut erhaltenen Fresken ausgemalt ist. Wir erfahren, dass der Mönch Kirill auf göttlichen Befehl hier dieses Kloster errichtet und dieses sich mit Geldspenden der Zaren zu einer sehr einflussreichen Organisation entwickelt hat. Schließlich gehörten 400 Dörfer mit mehr als 20000

Leibeigenen zum Kloster. Heute ist es hauptsächlich ein Museum, das aber wieder von Mönchen betrieben wird und auch einige Kirchen der Anlage werden wieder bestimmungsgemäß genutzt.

Unsere Führerin leitet unsere Gruppe zunächst in ein Gewölbe mit religiösen Schnitzereien, sowie wertvollen Ikonen und Zarentüren. Fotografierverbot im Museum! Außer man kauft für 100 Rubel eine Erlaubnis. Wir sprechen uns kurz ab und entscheiden, dass wohl eine Erlaubnis für uns sechs reichen müsste, und ich soll somit für alle fotografieren. Als Folge davon bekomme ich von den Erklärungen – wie meistens – fast nichts mit, weil ich auf Motivsuche bin. Hoffentlich hört meine Frau aufmerksam zu!

Danach werden uns die verschiedenen Wirtschaftsgebäude vorgestellt, unter anderem auch ein Gewölbe, in dem eine weitere Ausstellung wartet: Klöppelarbeiten. Aha, damit hat man sich im Winter beschäftigt, wenn es auf den Feldern keine Arbeit gab. Von Deckchen über Schmuck bis zu ganzen Jäckchen hat man hier in stundenlanger Handarbeit geklöppelt.

Der nächste Raum ist eine ehemalige Küche mit den damals üblichen einfachen Geräten mit Schüsseln, Krügen, Fässchen und einem Butterfass. Leider halte ich mich etwas lange hier auf und bekomme so den Anfang einer Darbietung im Nebenraum nur akustisch mit: denn auch hier bringen uns vier Sänger ein typisches mehrstimmiges Lied zu Gehör. Nur etwas müssen sie vergessen haben: Es werden gar keine CDs zum Kauf angeboten!

Einen furchterregenden Eindruck macht dann die Außenmauer der Anlage auf uns. Überall zeigen tiefe Risse, dass hier dringend Renovierungsbedarf besteht. An einem der Ecktürme wird sogar schon etwas getan, ein Gerüst zeugt von gewissen Aktivitäten. Außer unserer gibt es noch eine vierköpfige Gruppe, die sich gerade zwischen Mauer und angrenzendem Gewässer umschaut. Geli hat sie als erste entdeckt: „Schaut mal, eine Ente mit drei Kleinen! Gehören die auch zum Kloster?" Wir wissen es nicht.

Der Höhepunkt der Besichtigung ist der Besuch der Kirche. Eigentlich ist es die Nebenkirche, denn die angrenzende Hauptkirche wird zurzeit von innen renoviert. Aber dazu müssen sich unsere Frauen erst wieder einer Verwandlung unterziehen, die Tücher werden aus den Taschen geholt und züchtig über Kopf und Schulter gelegt. So dürfen sie mit uns Männern das Gotteshaus betreten. Innen gibt es eigentlich keine Überraschungen: Jede Menge Ikonen und diverse Leuchter, teils elektrisch, teils mit Kerzen bestückt, und Schalen hauptsächlich in Silber. Durch eine Glaswand versuche ich, etwas vom Innenraum der Hauptkirche zu erspähen, aber viel ist dort nicht zu erkennen; es ist zu dunkel.

Zum Ende der Tour bleibt uns noch eine knappe halbe Stunde zur freien Verfügung. Wir nutzen sie zu einem

Bummel durch den Park mit riesigen alten Bäumen, bis Irmgard und Traudl entdecken, dass von einem der Türme Leute auf uns herunterschauen. „Wollen wir auch hinaufsteigen?" Natürlich wollen sie. „Aber in zehn Minuten sollen wir am Bus sein!", ruft ihnen Manfred noch hinterher. Ein paar Minuten später winken sie dann auch zu uns herab. Noch vier Minuten bis zur Busabfahrt! Nach weiteren zwei Minuten entscheiden wir vier am Boden gebliebenen uns, schon mal zum Bus vorauszugehen. Und da kommen wir auch auf die Sekunde pünktlich an. Aber es fehlen noch mehrere von unserer Gruppe 3, nicht nur unsere Frauen. Die Begleitung von Phoenix-Reisen nimmt es gelassen. Innerhalb der nächsten fünf Minuten treffen dann auch die Verspäteten ein, und mit ihnen zusammen Irmgard und Traudl. Wir fahren zum Glück wieder komplett nach Gorizy und damit zu unserem Schiff zurück.

Auf der Scheksna

Bevor wir ablegen, haben wir noch eine knappe Stunde Zeit zur freien Verfügung. Unsere Freunde entschließen sich, noch einen kleinen Bummel durch das verträumte Dorf Gorizy zu unternehmen; wir bleiben aber im Hafen und fotografieren das Frauenkloster, deren Mauern wir nur ein paar hundert Meter weiter flussabwärts sehen können. Es ist wohl nicht zur Besichtigung geöffnet, aber auch diese Anlage hat eine Kirche mit den typischen fünf Zwiebeltürme und einer Befestigungsmauer darum herum. Allerdings war dieses Kloster wohl nicht so reich wie die anderen, die wir bisher besucht haben, denn die Kuppeln sind einfach nur schwarz und wir vermissen das Gold oder zumindest ein leuchtendes Grün oder Blau.

Kurz bevor wir Gorizy Lebewohl sagen, trifft auch der Rest unserer Gruppe wieder an Bord ein. Sie haben doch tatsächlich einen kleinen offenen Laden gefunden und sich dort für wenige Rubel ein Eis gegönnt! Das würde uns jetzt auch schmecken, aber an Bord gibt es sowas nicht. Bleibt für uns also nur eine Flasche Wasser, die wir vorsorglich schon seit gestern in unserer Minibar gekühlt haben.

Die Scheksna ist hier ein schöner Fluss, mit kleinen Schilf-Inselchen und einer abwechslungsreichen Uferbepflanzung. Dazwischen tauchen immer wieder kleine Datschas auf, manche prächtig aus Stein mit schöner Gartenanlage, andere nur aus einigen Holzbrettern zusammengenagelt, eventuell noch mit einem einfachen Steg für ein kleines Ruder- oder Fischerboot. Aber dieses Idyll endet so schnell, wie es begonnen hat: Die Scheksna, die ja den höchsten Punkt im Wolga-Ostsee-Kanal darstellt, wird auch hier zu einem großen Wasserreservoir aufgestaut. Der See ist zwar nicht besonders lang, dafür aber umso breiter. Sicher mussten auch hier viele Dörfer dem Wasser weichen, nur Spuren davon sieht man heute nicht mehr.

Wir sind noch beim Abendessen, als wir die Stadt Scheksna mit ihrer Straßenbrücke und den beiden Schleusen Nummer 7 und 8 erreichen. Aber zuvor passieren wir eine langgestreckte Mole, auf deren Ende ein Denkmal steht. Es ist ein Modell eines Vollschiffes mit drei Masten, vielleicht vier Meter hoch, aber der Sockel misst mindestens das Doppelte. Davor steht in großen Lettern ‚ШЕКСНА' an der Balustrade. „Was heißt denn das nun wieder?" Ich weiß nicht mehr, wer es gefragt hat, aber inzwischen kennen doch einige unserer Gruppe schon die kyrillischen Buchstaben und kommen dem Geheimnis auf die Spur: Es heißt einfach ‚Scheksna'. Sofort nach dem Nachtisch bin ich wieder auf dem Achterdeck, denn nun kommt die Schleuse! Eine große 8 steht an einem der beiden Türme, die die Schleuseneinfahrt flankieren. Wo ist Schleuse 7? Auf unserer Karte sind hier eindeutig zwei Hebewerke eingezeichnet! Haben wir eine der Schleusen während des Essens verpasst? Aber das kann nicht sein, wir sitzen im Restaurant ja direkt am Fenster, und zuvor waren wir auch an Deck. Erst der Blick in mein Smartphone bringt die Lösung ans Licht: Hier liegen zwei Schleusen nebeneinander! Und unser Kapitän hat sich wohl nicht für die 7, sondern eben für die 8 entschieden. „Wir sind um eine Schleuse betrogen worden!", schließt Manfred daraus. „Ob eine Schleuse nur zum Runterschleusen und eine nur zum Hinaufschleusen vorgesehen ist, quasi als Einbahnstraßen?", schlägt eine unserer Frauen vor. Diese Idee verwerfen wir aber schnell wieder.

Nun liegt noch das letzte Stück der Scheksna vor uns, Aber unseren Damen wird es im Fahrtwind dann doch zu frisch, so dass wir die Wärme der Sky-Bar aufsuchen. Aber das war leichtsinnig, denn heute ist Tanzmusik geboten! Es sind auch nur zwei Pärchen auf dem Parkett, die sich aber schnell wieder setzen, als die Musik zu etwas schnelleren Rhythmen wechselt. „Die Tanzfläche ist so leer...!", stellt Traudl fest, und das heißt soviel wie: Ich will tanzen! Nun gut, zu ein oder zwei Tänzchen lasse ich mich überreden, und auch Geli und Rudi raffen sich auf.

Irgendwann ist es dann aber Zeit, den Weg in die Kabinen einzuschlagen. Dabei gehen wir meist nicht durch die Flure unserer Alexander Borodin, sondern lieber über die Außendecks und lassen uns nochmal den Wind um die Nasen wehen. Und der hat deutlich aufgefrischt. Das inspiriert Geli und Rudi doch glatt zu einer Titanic-Pose mit ausgestreckten Armen, und das muss ich natürlich knipsen. Heute Nacht werden wir den ‚Rybinsker Stausee' durchqueren; hoffentlich kommen uns keine Eisberge in die Quere!

Mütterchen Wolga

7 Uhr morgens, und mit einem verschlafenen Blick aus dem Fenster suche ich den riesigen Rybinsker Stausee. Aber statt weite Wasserflächen zu entdecken, schaue ich auf ein Tankschiff, dass wir gemächlich überholen. Und

dahinter gibt es nur ein baumbestandenes Ufer. Wir haben schon wieder den See verlassen, und damit auch die Scheksna! Nur, um jeden Zweifel daran zu zerstreuen, grüßt nun auch ‚Mütterchen Wolga' vom Ufer zu uns herüber; eine vielleicht 10 m hohe Statue in Frauengestalt, die die Hand zum Willkommensgruß ausstreckt. „Wir sind schon auf der Wolga!", berichte ich Traudl, die sich erst mal im Bad den Schlaf aus den Augen waschen will. So schnell ich kann, springe ich in meine Trainingshose und ziehe mir ein Shirt über, schnappe den Fotoapparat und schon bin ich auf dem Umgang vor unserer Kabine. Und da steht auch schon Rudi und macht seinerseits Aufnahmen.

Dabei hat es ihm wohl weniger die Monumentalstatue angetan als die Schleusen, auf die wir langsam zu tuckern, Nummer 11 und 12. Auch hier sind es zwei Schleusen nebeneinander; und die werden auch benötigt, denn auf dem Wasserweg von Moskau oder aus unserer Richtung hin zum Kaspischen oder gar zum Schwarzen Meer herrscht ein reger Schiffsverkehr. Wieder sind die Schleusengebäude mächtige Bauwerke mit schönen Verzierungen; hier sind es religiöse Motive aus der frühen Seefahrt. „Wollen wir nicht zum Frühstück gehen?", erinnert mich Rudi, und das erinnert mich daran, dass ich ja noch gar nicht im Bad war und nur in Sportsachen unterwegs bin. Also schnell nochmal in die Kabine! Das Schleusen kann ich dann ja auch mal vom Frühstückstisch aus beobachten.

Direkt nachdem wir 14 m nach oben gehoben wurden, wandelt sich die Gestaltung der Ufer von naturbelassen in bebaut; wir nähern uns Rybinsk. Im Vorbeifahren erkennen wir ein Fliegerdenkmal, und kurz danach ein großes Gebäude in weiß und blau mit der Aufschrift ‚Palast des Sports – FLIEGEN'. Der Reiseführer verrät uns, dass hier ein Zentrum der Metallurgie war, und Schwerpunkte waren Fabriken für Eisenbahn und Flugwesen. Aber hier war im 18.Jh. auch ein bedeutender Umschlagplatz für Waren aus den drei Richtungen Moskau, Ostsee und Kaspisches beziehungsweise Schwarzes Meer, denn in Rybinsk mussten die Waren auf Schiffe mit geringerem Tiefgang umgeladen werden.

Natürlich passieren wir auch wieder einige orthodoxe Kirchen, eine davon mit den klassischen goldenen Kuppeln und einem mächtigen freistehenden Glockenturm. Auch auf der weiteren Fahrt auf der Wolga kommen wir immer wieder an kleineren und einigen größeren dieser Kirchen vorbei, manche ganz in Weiß, andere in rotem Backstein, aber alle mit den üblichen fünf Kuppeln und irgendwo daneben einem Glockenturm. Oft ist in unmittelbarer Nähe kein weiteres Gebäude auszumachen, es sind wohl eher Pilgerstätten. An anderer Stelle sehen wir größere Wohnanlagen in Ufernähe, die immer recht gut erhalten sind und den Eindruck von Ferien- oder Kurheimen machen. Auch die Personenschifffahrt ist hier wesentlich reger als im Norden; sogar ein Tragflügelboot passiert uns ganz nah in

oben: Kischi, Renovierung der Sommerkirche   unten: Kischi, Winterkirche

oben: ein der Kirchen an Scheksna und Wolga   unten: Mütterchen Wolga, Jaroslawl

oben: Jaroslawl, Mariä-Entschlafens-Kathedrale   unten: Jaroslawl, Prophet-Elias-Kirche

oben: Moskau, Basilius-Kathedrale und Historisches Museum   unten: Roter Platz mit Krem

einem rasanten Tempo, wohl wie wir auf dem Weg nach Jaroslawl, unserem nächsten Ziel. Schon kurz danach dürfen wir überholen, diesmal einen Kabelleger mit einer riesigen Trommel mit einem dicken gelben Kabel an Deck. Bisher hatten wir meistens Glück mit dem Wetter, aber jetzt türmen sich gewaltige Wolkenberg am Himmel auf. Jaroslawl mit seinen vielen Kirchen möchte ich aber bitte mit Sonnenschein erleben!

Wendepunkt Jaroslawl

Meine Bitte ist erhört worden! Die Wolken haben sich zu kleinen weißen Wattetupfern verdichtet, als wir pünktlich nach dem Mittagessen in Jaroslawl anlegen. Schon bei der Anfahrt haben wir mehrere goldbekuppelte Kirchtürme über den baumbestandenen Uferböschungen entdeckt. Die Fahrt hierher hat sich also schon gelohnt. Nachdem wir unsere Kabinenkarten gegen Ausflugskarten umgetauscht haben, besteigen wir unseren Bus, und auch hier gilt wieder: Wir gehören zur Gruppe 3.

Während einer kleinen Rundfahrt durch die Stadt werden uns die weltlichen Sehenswürdigkeiten gezeigt; allen voran das Theater und die großzügig angelegten Straßen und Plätze. Dann heißt es wieder aussteigen. Wir stehen vor einer langen, strahlend weißen Mauer und betreten das so abgeschirmte Gelände durch ein Tor mit gewaltigen Gittertüren. ‚Jaroslawl – Museum – Heiligtum' steht –

natürlich in kyrillischen Lettern – groß über dem
Durchgang. „Hier besuchen wir das ‚Christi-Verklärungs-
Kloster' aus dem 12.Jh. Die meisten Gebäude sind aber
aus dem 16.Jh. und gehören inzwischen zum UNESCO-
Welterbe." erklärt uns die Reiseleiterin. Gleich hinter dem
Eingang scharen sich schon viele Besucher um ein kleines
Denkmal mit dem Abbild eines Reiters mit einer langen
Lanze, das Ganze auf einer runden Kupferplatte. Die
ersten Münzen des Landes! Die Lanze heißt auf Russisch
‚Kopeika', und deshalb wurden schon im 17.Jh. die ersten
Münzen so bezeichnet. Und wer Lust hat, sich ebenfalls
eine ‚Münze' zu prägen wie vor 400 Jahren, kann an einem
Stand daneben den schweren Langhammer schwingen.
Denn ähnlich wie bei ‚Hau den Lukas' auf einem
Volksfest, wurden die Münzen einzeln mit einem
wuchtigen Hammerschlag geprägt. Ein Herr aus unserer
Gruppe macht das auch tatsächlich, und er produziert auf
diese brachiale Weise eine schöne silberne Medaille. Wir
schonen unsere Kräfte lieber für die Besichtigungstour.

In der weitläufigen Parkanlage gibt es selbstverständlich
auch eine Kathedrale, die aber überraschenderweise nur
drei Kuppeln aufweist; vielleicht als Symbol für die
‚Heilige Dreifaltigkeit'. Auch einen gewaltigen
Glockenturm gibt es zu bestaunen, aber noch interessanter
sind die zwölf Glocken, die davor auf einem kleinen Platz
aufgebaut sind. Auch sie sind – ähnlich wie wir es schon
in Kischi gesehen haben – mit Seilen zu einem Punkt
zusammengeführt. Vor diesem Gestell ist auch ein kleines

Podest mit einer Klingel, und unsere Reiseleiterin bittet einen der Gäste, doch mal kurz darauf zu drücken. Und? Nichts passiert. Oder doch? Hinter dem Gebüsch taucht ein schmächtiges Männchen auf, das mich wegen seiner Gestalt und der Art, sich zu bewegen, spontan an den Schauspieler Klaus Kinski in seinen jungen Jahren erinnert. Wie sich herausstellt, ist es der Glöckner, denn er bindet sich die zusammengeführten Schnüre nun um die Finger und Hände und beginnt in der uns schon bekannten Manier durch wildes Gestikulieren eine vertraute Melodie zu spielen. Stumm vor Staunen, wie nur eine Person den Glocken ein Lied entlocken kann, schauen und hören wir fasziniert zu. Am Ende bekommt er auch viele Applaus und versäumt nicht, auf eine Art Opferstock hinzuweisen, der auch bereitwillig von vielen Besuchern befüllt wird.

Ganz am Rand der Anlage gäbe es noch die Epiphanienkirche aus dem 17.Jh., die sich mit ihren bunten Keramikkacheln deutlich von den übrigen Kirchen aus Weiß und einer leuchtenden Farbe oder Gold abhebt. Leider können wir sie nicht besichtigen; dafür wird uns noch ein Denkmal aus weißem Stein und einem bunten Mosaik darin präsentiert, das Pozharsky darstellt, einen Verteidiger Russlands gegen die Polen.

Mit dem Bus geht es weiter zur Hauptkirche Jaroslawls, der ,Prophet-Elias-Kirche', auch aus dem 17.Jh. Vor ihr weitet sich ein großer Platz, auf dem die Kinder als auch Jugendliche Skateboard oder Fahrrad fahren und anderen Vergnügungen nachgehen. Unsere Gruppe drängt sich eher unter die wenigen Bäume, denn nur im Schatten lässt es sich inzwischen längere Zeit aushalten. Als eine andere Gruppe schließlich das Gotteshaus mit den grünen Zwiebeln verlässt, dürfen wir nähertreten.

Bereits der Eingangsraum ist über und über mit bunten Fresken verziert. Und das setzt sich auch im Innern fort: Jeder Winkel ist prächtig ausgemalt, und die siebenreihige Ikonostase ist perfekt erhalten. Hauptfarbe ist auch hier Gold, und viele der Gemälde sind auch auf goldplattiertem Untergrund gemalt, was die Farben richtig zum Leuchten bringt. Mindestens ein Dutzend Fotos später zupft mich Traudl an meiner Weste: „Du, die anderen sind schon weitergegangen!" Aber, aufmerksam wie immer, weiß sie auch wohin. Wir betreten eine kleinere Seitenkapelle, die aber in ihrem Schmuck der großen Schwester in nichts nachsteht. Nur die Ikonenwand fällt wegen der geringeren Deckenhöhe niedriger aus. Beide Kirchen werden durch große Lüster beleuchtet, was ein warmes Licht auf die Gemälde wirft; das aber gerade noch ausreicht, um ohne Blitz zu fotografieren. Am Ausgang zeigt uns die Führerin ein großes Fresko, das das ‚Jüngste Gericht' darstellt; Jesus mit einer Waage, auf der gute und schlechte Taten gegeneinander abgewogen werden. „Wie Sie sicher gesehen haben, hat das orthodoxe Kreuz – im Gegensatz zur westlichen Kirche – noch einen zusätzlichen, dafür aber schräg stehenden Querbalken. Er symbolisiert auch die Waage des ‚Jüngsten Gerichts'." erläutert uns die Reiseleiterin.

Bevor wir zur nächsten Kirche weiterziehen, bleibt uns noch eine 45-minütige Pause. Die nutzen wir zu einem Besuch in der naheliegenden Markthalle. Trotz der nachmittäglichen Stunde werden hier viele rohen Fleischwaren angeboten, die uns aber heute mal weniger interessieren. Die hohen bunten Stände mit Obst, Gemüse, Nüssen und Trockenobst haben es unseren Frauen da schon mehr angetan. Überall werden wir genötigt, die Produkte zu probieren, und so landet dann eine Tüte mit kandierten Früchten in unserer Tasche. „Ich glaube, wir müssen nochmal ein paar Rubel eintauschen", stelle ich bei einem Blick in meine Geldbörse fest. Mal ein Wasser hier, mal ein Andenken dort; irgendwie haben sich die umgetauschten 50 Euro schon fast vollständig aufgelöst. Dass meine Frau am Stand mit allerlei Schokolade ohne Halt vorbeigeht, wundert mich dann doch etwas.

Den Rest unserer Freizeit schlendern wir ziellos durch die Fußgängerzone. Nur Geli hätte gerne einen Orangensaft, aber nirgends entdecken wir die Maschinen, die automatisch eine Orange halbieren und dann ausdrücken. Dafür kommen wir zu einer kleinen Kirche aus rotem Backstein, und werfen einen Blick hinein. Ganz in Weiß und in Gold, mit wenigen, aber schönen Ikonen und einem überdimensionalen goldenen Lüster, vermittelt sie eine Kirche zu sein, die wirklich in Verwendung ist; ganz im Gegensatz zu den meisten der großen Kirchen, die eher den Eindruck eines Museums machen. Mehrere Gläubige beten stehend still vor sich hin, während der Priester emsig dabei ist, seine Runde von Ikone zu Ikone abzulaufen und ihnen seinen Segen mit einer Wolke Weihrauch zu erteilen; wohlgemerkt: schnell laufend, von gehen oder gar würdevoll schreiten kann man da wirklich nicht reden!

Tausend Jahre + X

Als letzte Kirche unserer Besichtigungsrunde kommt nun auch die Mutter Jesu zum Zuge: die ‚Mariä-Entschlafens-Kathedrale'. In einer großflächigen Anlage kommen wir zunächst am ‚Grabmal des unbekannten Soldaten' vorbei, von wo wir schon einen freien Blick auf die fünf großen Goldkuppeln haben. „Sieben!", korrigiert mich Irmgard, und tatsächlich gibt es noch zwei kleinere, nicht minder strahlende Kuppelchen. Aber die Hauptzwiebeltürme stehen auch hier für Jesus und die vier Evangelisten. Hinter der Kirche wird uns ein mannshoher Stein präsentiert, der sogenannte ‚Gründerstein', der an die Stadtgründung 1010 erinnert. Zum großen Jubiläum wurde auch ein Park etwas unterhalb des Stadtniveaus angelegt, direkt am Ufer der Wolga. In einem großen Blumenbeet leuchtet auch das Stadtwappen zu uns herauf: der Bär mit der Lanze. Und darunter, aus roten Blumen, die Zahl 1008. „Warum 1008, eben haben Sie doch erzählt, dass Jaroslawl im Jahre 1010 gegründet wurde!?", wird unsere Reiseleiterin mit Fragen bestürmt. Aber die Antwort leuchtet sogar uns ein: Die Zahl gibt an, wie lange schon Jaroslawl Stadt ist, also 1008 Jahre seit der Gründung 1010. Die Blumen werden natürlich jedes Jahr angepasst! So zufriedengestellt, wenden wir uns wieder der Kirche zu. Auch hier hängen die Glocken in einem Gestell vor der Kirche, einen eigenen Glockenturm gibt es nicht. Dafür sind auch hier die Klöppel mit Stricken zusammengebunden; vermutlich gibt es hier ebenfalls zu bestimmten Anlässen ein Glockenspiel, wie wir es heute schon erleben durften.

Dass die ‚Mariä-Entschlafens-Kathedrale' auch innen mit unzähligen Ikonen, Leuchtern und einer goldglänzenden Ikonostase aufwarten kann, haben wir auch gar nicht anders erwartet. Aber dass wir auch hier mit einem schönen A-Capella-Gesang überrascht werden, war nicht vorherzusehen. Wieder im Freien, fallen uns die vielen bunten Kacheln an der Kirchenwand auf, die mit aufwändigen Pflanzen- und Tierreliefs verziert sind. „Das ist typisch für das 17.Jh.", lehrt uns unsere Führerin, „Manche kleinere Kirchen sind auch außen komplett mit Kacheln verkleidet." Wir hätten das an der Epiphanien-Kirche sehen können. Tja, wenn wir die Zeit dazu gehabt hätten! Aber so ist es immer bei Führungen: Irgendwann drängt dann doch der Zeitplan, und wir müssen das eine oder andere Schmuckstück unbeachtet lassen.

Zurück zum Bus, und wieder aufs Schiff. Denn schließlich sollen wir rechtzeitig zum Abendessen wieder ‚zuhause' sein. Die Alexander Borodin legt auch sofort ab. Nun geht es stromauf wieder Richtung Rybinsker Stausee, wo wir jetzt aber die andere Ausfahrt nehmen, die Wolga weiter hinauf. Morgen Früh sollen wir Uglitsch erreichen, die letzte Station auf unserer Flusskreuzfahrt vor Moskau.

Die abendliche Routine kommt auch heute wieder auf: Ein Cocktail – wie fast immer auf Vodka basierend und in irgendeiner knalligen Farbe – ist inzwischen schon obligatorisch. Und die nette Runde möchte wohl auch Keine und Keiner mehr missen. Dazu haben wir uns in der kleinen Bar sechs Stühle um einen der kleinen Tische gezogen, denn hier wird man nicht permanent mit Musik beschallt. Zwar hängt ein Fernseher an der Wand, auf den bis vor ein paar Tagen noch regelmäßig die Fußball-WM-Spiele übertragen wurden, aber jetzt bleibt er aus. So lässt es sich bei einem Drink, ein paar Nüsschen und mehr oder weniger tiefschürfenden Gesprächen aushalten!

~.~

Schon am frühen Morgen wecken uns die Motorgeräusche. Die Alexander Borodin hat wohl doch sehr gegen die Strömung der Wolga anzukämpfen! Beim Frühstück dann erkennen wir, dass die Bebauung in Ufernähe wieder dichter wird; die vereinzelten Datschas weichen erst einigen Industrieanlagen, dann kommen Wohnblöcke in Sicht, und schließlich auch gleich mehrere kuppelgekrönte Kirchen. Etwas voraus auf der Wolga ist auch schon ein größeres Stauwehr zu erkennen, und daneben die Anlage der Uglitscher Schleuse. Wir legen aber erst mal an einer Pier in der Nähe der Kirchen an; diesmal wieder im Päckchen, als Nummer 3. Dafür dürfen wir beim Von-Bord-Gehen einen Blick in andere Schiffe werfen, und die sind meist deutlich moderner.

Als wir an Land ankommen, begrüßt uns eine kleine Band mit russischen Liedern. „Im Fernsehen treten solche Musiker immer in Tracht auf!", stellt Manfred fest. Und es stimmt; aber heute sind es normal gekleidete Zivilisten, die Akkordeon, Saxophon und Schlagzeug spielen. Die ganze lange Pier entlang reihen sich Souvenirstände aneinander, und fast überall gibt es die gleichen Mitbringsel. Nur an einem kleinen Ständer werden Bücher angeboten, die wir auch schon in unserem Bord-Shop durchgeblättert haben, zum Beispiel eine kunstvoll illustrierte Sammlung russischer Märchen. Auf dem Schiff hätte das Buch 15 Euro gekostet, hier wird es für 10 Euro angeboten. Ich versuche trotzdem noch, den Preis etwas herunterzuhandeln, komme damit aber nicht weit; entweder liegt es an sprachlichen Verständigungsproblemen oder an der Hartnäckigkeit des Verkäufers – er bleibt bei 10 Euro. Auf dem Rückweg können wir es ja nochmal versuchen.

Für unsere Gruppe 3 ist ein Ausflug zum ‚Uglitscher Kreml' vorgesehen. Eine unserer Dolmetscherinnen geht voran über eine Brücke auf eine kleine Insel mit mehreren Gebäuden. Das soll der Kreml sein? Wo ist die umgebende Mauer? Wo sind die Paläste? „Einen Kreml gibt es in vielen Städten. So bezeichnen wir das Zentrum einer Stadt, wo meist die Verwaltungen oder die Hauptkirchen sind. Eine Mauer muss es nicht geben; hier ist eben der

Kreml nur von Wasser umgeben", ist die Erklärung auf unsere Nachfrage. Mitten auf der Brücke steht eine einzelne Dame, diesmal wirklich in einer Tracht, singt lauthals irgendwelche Lieder und hofft auf eine milde Gabe. Leider – für sie – ist die Brücke breit genug, um mit ausreichend Abstand an ihr vorbei zu kommen.

Auch hier in Uglitsch ist der Kreml sehr gepflegt. Es gibt bunt blühende Blumenbeete und grüne Rasenflächen, viele hohe Bäume und dazwischen mehrere Gebäude in gutem Zustand oder solche, die zumindest gerade renoviert werden. Auch hier gibt es eine ,Erlöser-Verklärungs-Kathedrale', diesmal von 1713, und einen mächtigen Glockenturm. In seinem Erdgeschoß können wir in einem winzigen Raum eine Ausstellung handbemalter Dosen und Gefäße bewundern, aber das überlasse ich mal nur unseren Damen. Die Innenausstattung der Kirche entspricht dem, was wir inzwischen als ,orthodoxen Kirchenstandard' bezeichnen können: Ikone an Ikone, jeder Zentimeter der Wände mit Fresken bemalt, überall viel Gold, und eine fünfreihige Ikonostase. Gerade ist auch die große Tür in ihrer Mitte geöffnet, denn der Oberhirte hat wohl im Allerheiligsten etwas zu erledigen. Nur er darf diesen Raum betreten, erklärt uns die Reiseleiterin. „Und hoffentlich seine Putzfrau auch!", meint Traudl spontan dazu. Durch die Tür erspähen wir einen wuchtigen siebenarmigen Leuchter, aber sonst hat das weißgetünchte Zimmer nichts vom Glanz des eigentlichen Kirchenraums.

Nicht weit entfernt sehen wir noch die ‚Zarewitsch Dimitris Blutskirche' von außen. Statt goldener Kuppeln hat sie fünf blaue Zwiebeln, aber für goldene Sternchen darauf hat es dann doch noch gereicht. Dem Namen entsprechend ist ihre Außenfassade in rot gehalten. Und auch hier wird einiges für den Tourismus geboten: An einem Stand kann man sich Prunkgewänder ausleihen und damit fotografieren lassen. Wir beobachten auch eine Dame, die so gekleidet im Park lustwandelt. Aber bei genauerem Hinsehen fällt dann doch auf, dass es sich nur um einen schlecht zusammengestellten Mix aus modern und altertümlich handelt.

Das letzte Gebäude im Kreml ist der Dimitri-Palast. Er ist auch das älteste Bauwerk von 1418, ganz aus rohen Ziegelsteinen und einigen umlaufenden Tonverzierungen gestaltet. Heute ist ein Museum darin untergebracht, aber nicht für uns. Dafür kommen wir noch in den Genuss einer Gesangsdarbietung, und die unterscheidet sich doch mal von den bisherigen A-Capella-Gesängen: hier kommen auch ein paar Musikinstrumente zum Einsatz; unter anderem auch eine riesige Balalaika, wohl der Kontrabass unter diesen Instrumenten. Natürlich wird auch hier eine CD zum Kauf angeboten.

Baustelle Uglitsch

Über die Brücke gehen... und an der Sängerin vorbeikommen. Das beendet unseren geführten Rundgang durch den Kreml von Uglitsch. „Da vorne ist doch auch noch eine Kirche; die andere mit den blauen Kuppeln!", gibt nun Geli als neues Ziel aus. Nur 400 oder 500 m entfernt von der Brücke ist eine weitere Kirche am Ende einer Straße auszumachen. Das Pflaster auf dem Fußweg – zumindest wo überhaupt ein Pflaster vorhanden ist – ist eher eine holprige Angelegenheit, im Straßengraben räkelt sich eine Katze und auf den Grundstücken sieht es oft aus wie auf einem Flohmarkt mit Antiquitäten. Vom alten Kartonkoffer über handbetriebene Haushaltsgeräte bis zu verrosteten Schubkarren und löchrigen Badewannen liegt alles wirr herum.

Die Kirche selbst gehört zum ‚Drei-Königs-Kloster' aus dem 17.Jh. Teile davon sind wohl noch im Originalzustand und nicht zu betreten; es sei zu gefährlich. Aber einige Handwerker geben sich redlich Mühe, das Kloster wieder in eine begehbare Anlage zu verwandeln. Nur die Kirche selbst ist in ihrem Inneren nahezu fertig, nur in der Ikonostase klaffen noch mehr Löcher als Ikonen vorhanden sind. Nachdem ich die zweite Aufnahme geschossen habe, stößt mich Rudi an: „Für das Fotografieren muss man hier bezahlen!" Das habe ich doch glatt übersehen; ehrlich. Dann höre ich eben auf;

denn so sehenswert ist die Kirche bisher auch noch nicht. Leise, und ohne weitere Aufnahmen, stehle ich mich aus dem Kirchenraum und warte auf dem Sandhaufen davor auf die anderen.

Auf dem Rückweg zum Hafen wäre jetzt eine Erfrischung nicht schlecht. Das wissen anscheinend auch die Bäuerinnen von Uglitsch. Schon an der nächsten Ecke stehen vier Verkäuferinnen mit ihren kleinen Campingtischchen und bieten frische Früchte aus dem Garten feil: Himbeeren, Erdbeeren und Stachelbeeren, einen Plastikbecher voll für jeweils 100 Rubel. Geli und Rudi gönnen sich einen Becher Stachelbeeren, Traudl kann sich nicht entscheiden, also nehme ich die Himbeeren.

So gestärkt und erfrischt quetschen wir uns wieder zwischen den Souvenirständen in Hafennähe hindurch, nicht ohne nochmal die bunte Vielfalt irgendwie auch zu bestaunen. Geprägte Leder- und Holzarbeiten bilden wegen ihrer Einfarbigkeit direkt einen Ruhepol zwischen all den quietschbunten Matroschkas, Topflappen, Nikoläusen (!), Ziertellern und -dosen. Am längsten verharre ich dann doch vor den Pseudo-Fabergé-Eiern, denn sie sehen wirklich wie kleine Kunstwerke aus. Aber irgendwann kann ich mich doch von ihnen losreißen und stoppe dafür wieder am Bücherstand. Es bleibt auch diesmal bei 10 Euro, aber wir nehmen das Buch trotzdem mit. Das spart uns eben dennoch einige Euro in Vergleich zum Preis auf unserem Schiff. Und jetzt schlage ich doch nochmal zu: Eine dreiteilige Matroschka wird mein Opfer – aber eine zum Selbstbemalen! Das hat dann wenigsten eine persönliche Note.

Auf der Pier haben sich ein paar Händler mit kleinen Buden postiert. Gleich am ersten Stand gibt es – Wasser! „Hat nicht unsere Dolmetscherin erzählt, dass es hier bedeutende Mineralwasserquellen gibt?", fällt meiner Gattin ein. Stimmt ja, dieses Wasser soll sehr mineralisch sein und es ist daher überregional bekannt! Die Leute drängen sich um den Stand, und bei einem Blick auf den Preis fällt spontan die Entscheidung, ein paar Flaschen mitzunehmen: Sie kosten nicht einmal die Hälfte dessen, was wir in unseren Bars auf dem Schiff für die gleiche Menge normales Sprudelwasser bezahlen!

An Bord kommen wir wieder gerade rechtzeitig zum Mittagessen. Die Uglitscher Schleuse ist während des Essens noch ein paar Fotos wert, denn hier geht es wieder auf einen Schlag 11 m die Wolga hinauf. Oben erwartet uns der Uglisch-Stausee. Und da es heute Nachmittag kein Programm gibt, für das wir uns erwärmen können, bleibt es beim Kaffeeklatsch in der Panorama-Bar. Draußen auf dem Sonnendeck ist es doch zu windig, und die Temperaturen sind auch nicht gerade einladend. Eine kurze Unterbrechung in unserem Schlendrian stellt heute Nachmittag nur noch die Nikolai-Kirche dar. Oder besser gesagt, ihr Glockenturm. Denn das ist alles, was vom Ort Kaljasin noch aus der gestauten Wolga herausschaut. Erst am Abend erreichen wir die letzte Schleusentreppe vor

Moskau. Hier sind es sechs Schleusen, die in kurzem Abstand hintereinander der Wolga fast 50 m Höhenunterschied bescheren. Aber davon können wir nur das Anheben auf die erste der Stufen vom Außendeck aus verfolgen, denn heute Abend ist das Kapitänsdinner angekündigt!

Nachdem wir uns für diese Veranstaltung schick gemacht haben, plagt mich dann doch der Durst und ich greife mir eine der neuen Wasserflaschen aus unserer Minibar. Der Geschmack ist deutlich anders, als das Wasser hier an Bord; das werden wohl die Minerale sein. Traudl muss es auch probieren. „Ihhh, das schmeckt ja abscheulich!", ist ihr erster Kommentar, und bei dieser Meinung bleibt sie auch. Auch gut, dafür bleibt das Wasser mir allein.

Vor dem Galadinner sind alle Gäste zu einem Kapitäns-Cocktail eingeladen, und das geht aus Platzgründen nur in der Sky-Bar. Da ja außer unserer Phoenix-Gruppe noch das schweizer Reiseteam an Bord ist, wird es ziemlich eng. Sogar die Tanzfläche wurde vom Personal mit Klappstühlen bestückt, damit niemand stehen muss. Das müssen aber dann die ‚Offiziellen': der Kapitän mit seiner Übersetzerin, die beiden Reiseleiter, die Chefin der Organisation an Bord und der Schiffsarzt. Nach einer kleinen Ansprache des Kapitäns dürfen auch andere wichtige Personen des Personals auflaufen und sich kurz verbeugen: die immer grinsende Dame des Shops, das ungleiche Musikduo, die Chefköchin und ein paar Offiziere. Zum Schluss hebt der Kapitän sein Glas und wünscht uns noch eine erlebnisreiche Zeit in Moskau: „Nastrovje!" Dann werden wir zum Kapitänsdinner ins Restaurant entlassen.

Jedes Los gewinnt

Unser letzter Tag auf den Flüssen und Seen! Am späten Abend sind wir noch an einer Baustelle vorbeigefahren, an der ein Schwimmbagger unter gleißender Scheinwerferbeleuchtung Sandberge vom Ufer schaufelweise auf einen Schüttgutfrachter verladen hat. Sonst war nicht viel zu erkennen; der Rest der Wolga und ihrer Ufer waren in der Nacht versunken. So haben wir auch die Abzweigung von der Wolga in den Moskau-Kanal verschlafen, und dazu auch gleich noch zwei Schleusen.

Jetzt sind wir bei Dmitrow, nur noch 50 oder 60 km vor Moskau. Frühstücken und dabei einen Blick ins Tagesprogramm werfen, diese Routine wird uns bald abgehen. „Möchten Sie noch Lose kaufen?", geht unsere Kaltgetränke-Mamsell fragend von Tisch zu Tisch. Wir haben uns gestern Abend schon bei der gleichen Frage je Paar ein Los á 10 Euro zugelegt; das sollte reichen; zumal versprochen wurde, dass jedes Los ein Treffer sein wird. Heute Vormittag um 10 Uhr findet dann die Verlosung in der Sky-Bar statt. Wir sind pünktlich dort, aber die anderen Reisegäste konnten es anscheinend gar nicht erwarten und haben schon alle bequemen Sessel belegt. Bleiben uns also nur die Klappstühle in der Saalmitte, und die machen nicht gerade den stabilsten Eindruck. Unsere grinsende Shop-Verkäuferin baut derweil die Gewinne auf: vom Moosbeerenlikör über Keksdosen und Schokolade bis zu Büchern und Matroschkas reicht die Auswahl. Dann geht es los: das jüngste Mitglied der Mannschaft, der zirka 7-jährige Sohn eines Offiziers, darf die Losnummern ziehen. „78!" In der hintersten Reihe meldet sich eine Dame und bekommt ein Päckchen Schokoladetafeln in die Hand gedrückt. Der nächste Gewinner („213!") geht mit einer Flasche Moosbeerenlikör an seinen Platz zurück. Nach ein paar Minuten kommt ein Buch über den Peterhof zur Verlosung, und Irmgard hält ihre Glücksnummer hoch. Dann kommt lange nichts mehr; zumindest nicht für unsere beiden übrigen Lose. Doch dann trifft es Traudl: eine weitere Flasche des roten Likörs ist ihr Gewinn. Und kurz darauf hält auch Rudi seinen Preis in den Händen: eine Flasche russischen Sekt! Der Tisch auf der Bühne ist leer, und alle sind zufrieden. Alle? Nein, denn ein Herr meldet sich noch mit seinem Los. Er hätte noch nichts bekommen! Die Spannung steigt. Was passiert nun? Gibt es noch einen Trostpreis? Nein, es ist der Hauptgewinn: unter dem Tisch wird eine in Goldfolie verpackte Magnumflasche des besten Krim-Sekts hervorgezaubert! Applaus und Ende der Veranstaltung.

Auf dem Sonnendeck werden unsere drei glücklichen Gewinnerinnen mit ihrer Beute fotografiert. Und erst jetzt fällt uns auf, dass wir schon mitten durch dicht bebautes Gebiet fahren, und das sind auch keine Datschas mehr, sondern engstehende Hochhäuser. Aber zumindest sind es nicht so graue Plattenbauten, wie wir sie in den Vororten Sankt Petersburgs gesehen haben, sondern hier wird auch mit bunten Farben gearbeitet, und einer der Wolkenkratzer in Ufernähe hat sogar einen kreisrunden Querschnitt. Unsere Alexander Borodin dampft nun gemächlich zwischen den Häusern hindurch, und in einer knappen halben Stunde haben wir den Nordhafen erreicht. Das lange Hafengebäude, dessen Enden einem Schiffsheck nachempfunden sind, wird in seiner Mitte von einem spitzen Turm dominiert. Und an seiner Spitze prangt ein goldenere Sowjet-Stern! Das Ensemble gehört damit sogar offiziell zu den baulichen Sehenswürdigkeiten Moskaus. Auf der anderen Seite des Kanals liegen auch ein paar Besonderheiten im Wasser: zwei antiquierte Wasserflugzeuge, eines davon sogar so groß, dass mindestens 20 Passagiere darin Platz fänden. Aber wir legen – nach einer eleganten Wende – mal wieder im Päckchen an, neben einem sehr modernen Flusskreuzfahrtschiff. Das ist nun das Ende, das Ende unserer Flussreise. Jetzt bleiben uns nur noch zwei spannende Tage in Moskau!

Viel GUM, wenig Rot

Erstmal steht der letzte der ‚inkludierten' Ausflüge auf dem Programm; eine Stadtrundfahrt. Also sind wir wieder automatisch Gruppe 3 und damit Bus Nummer 3. Alles muss ja seine Ordnung haben! Bei stark bedecktem Himmel verlassen wir die Alexander Borodin und durchqueren dabei zwangsweise das andere Schiff. Und uns fällt der Unterschied doch deutlich auf: die Rezeption ist schon etwas eleganter als auf unserem Dampfer, und an der Wand hängt eine hinterleuchtete Landkarte mit unserer zurückgelegten Strecke von Sankt Petersburg hierher. Dieses Flusskreuzfahrtschiff hat offensichtlich den gleichen Weg zurückgelegt wie wir oder hat ihn nun vor sich. Aber egal, wir haben uns inzwischen an unser Schiff gewöhnt und vermissen ja auch nichts. Und auch der Service könnte auf einem moderneren Dampfer nicht besser sein – wenn man mal die Zuständigkeiten kennt.

Unser Bus setzt sich in Bewegung. Ja, Moskau ist wohl in Allem eine Nummer größer als Sankt Petersburg! Schon die Straßen sind oft vierspurig – in jeder Richtung. Und der Verkehr braucht das sicher auch, denn es dauert nicht lange, und wir stecken trotzdem in einem Stau. „Dann können wir wenigsten in Ruhe die großen Gebäude bestaunen", gewinnt Traudl auch der Verkehrsstockung etwas Positives ab. Vorbei an einem großen Stadion, das gerade renoviert wird und mitten zwischen den

Wohnhäusern und Geschäften liegt; an der Moskwa entlang, an deren Ufer einige typische Prunkbauten mit großem Wohnturm die Skyline dominieren. „Das ist eine der ‚sieben Schwestern‘, lauter gleiche monströse Gebäude, von denen sechs hier in Moskau stehen und eines in den ‚Bruderstaat‘ Polen, nach Warschau ‚verschenkt‘ wurde“, erklärt unsere Reiseleiterin über die Sprechanlage. Im Internet hatten wir etwas anderes darüber gelesen, aber auch diese Version ist interessant.

„54, 53, 52, ...“ Manfred hat die Verkehrsampeln entdeckt, die hier fast an jeder Kreuzung mit einem Countdown versehen sind, damit man gleich weiß, wie lange es noch bis zum nächsten Grün oder Rot dauert. Sobald der grüne Zähler auf null angekommen ist, beginnt der rote Zähler rückwärts zu zählen und umgekehrt.

Die Gebäude, an denen wir vorbeifahren und zu denen wir hin und wieder eine kurze Erklärung hören, sind alle in dem ‚sozialistischen Klassizismus‘ aus dem beginnenden 20.Jh. errichtet, der auch ‚stalinistischer Zuckerbäckerstil‘ genannt wird. Nur ganz entfernt, weit hinter einer Biegung der Moskwa, ragen ein paar moderne Hochhäuser in die tiefhängenden Wolken, echte Wolkenkratzer eben.

Auf einer Anhöhe heißt es aussteigen. „Regenschirme mitnehmen!“, warnen uns die ersten Mutigen, denn es fängt gerade wieder zu tröpfeln an. Dennoch haben wir einen guten Überblick von hier über die Stadt. Am Fuß des Hügels, auf dem wir stehen, leuchtet das hellbeige Rund des Luzhaniki-Stadions zwischen den Bäumen hervor.

Und hinter uns wird gerade ein Platz freigeräumt, auf dem während der Fußball-WM Zelte und eine Videowand aufgebaut waren.

Wieder im trockenen Bus, geht es vorbei am fast 100m hohen Bronze-Denkmal Zar Peter I., der als überdimensionale Figur an Bord eines Segelschiffs steht. Auch ein rotes Gebäude ist für unsere Begleitung erwähnenswert, die Schokoladenfabrik ‚Roter Oktober'. „Ob wir eine Werksführung machen können?", hofft Traudl, als sie das Wort Schokolade hört. Aber da sind wir schon wieder bei einem weiteren Denkmal; diesmal ist es das ‚Wladimir-Denkmal', bei dem ein 16m hohes Kreuz bemerkenswert ist. Schließlich kommt unser Bus am Kreml zu stehen und wir dürfen uns wieder auf einen kleinen Fußmarsch vorbereiten. Regensachen nehmen wir mit, aber momentan brauchen wir sie nicht. Dafür sollen wir unsere Wertsachen gut verstauen, denn auch hier in Russland gibt es Taschendiebe; wie eben überall, wo sich Menschenmassen auf engem Raum drängen.

Nun quetschen wir uns durch eine dichte Menschenmenge, deren Mitglieder überdurchschnittlich oft Schlitzaugen haben, vorbei an der Basilius-Kathedrale auf den ‚Roten Platz'. Der ist aber größtenteils abgesperrt, denn – wie wir erfahren – hier wird ein Aufmarsch der Militärs inklusive Kapelle für eine bevorstehende Feierlichkeit geprobt. Statt einen weiteren Blick auf die langgestreckte Kreml-Mauer zu riskieren, flüchten wir ins ‚GUM', einem der größten Kaufhäuser der Welt. Über drei Etagen und mit mehreren langen und überdachten Innenhöfen reihen sich die besten Geschäfte Russlands und des Rests der Welt aneinander. Dabei wirken die Innenhöfe eher wie eine Parkanlage, mit vielen Blumen und sogar Bäumen. Die Läden im Erdgeschoß haben sogar Markisen, als ob sie sich wie im Freien vor der Sonne schützen müssten.

Vor einigen Auslagen stehen Pflanztröge mit Orchideen. Irmgard fällt auf, dass diese immer nur vor Juwelieren stehen. Natürlich schauen wir sofort, ob andere Geschäfte auch mit ähnlichen Methoden die potentiellen Kunden auf sich aufmerksam machen wollen; allerdings finden wir keinen Hinweis darauf. Aber dafür entdecken wir einen Stand, an dem lecker aussehendes Eis verkauft wird. Und da Traudl schon keine Verkostung in der Schokoladenfabrik bekommen hat, gibt es jetzt dafür eine Kugel Stracciatella-Eis. Nach diesem ‚Höhepunkt' machen wir uns wieder Richtung Bus auf, damit er uns zum Abendessen aufs Schiff zurückbringt.

Im Untergrund

Heute machen wir uns noch einmal auf in die Stadt. Auf Empfehlung von Freunden, die schon mal in Moskau waren, müssen wir unbedingt die Moskauer U-Bahn im wahrsten Sinne des Wortes erfahren. Folgsam, wie wir meist sind, haben wir daher diesen Ausflug gebucht.

Diesmal ohne Staus auf den breiten Straßen werden wir zu einem größeren Platz gebracht, an dem sich auch unsere erste Metro-Station befindet, ‚Belorusskaya'. Schon der Eingang ist alles andere als schlicht: Über den breiten Holztüren mit Glasfüllungen begrüßt uns ein mächtiges Jugendstil-Relief mit allerlei dargestellten Pflanzen und einem großen ‚M' in ihrer Mitte. Die Kassenhalle ist mit lebensgroßen Statuen verziert, und von dort wollen wir per Rolltreppe in den Moskauer Untergrund abtauchen. Doch zuvor besorgt uns unsere Reiseleiterin und Dolmetscherin die richtigen Fahrkarten. Mit dem Hinweis „Bitte Vorsicht bei den Rolltreppen – sie fahren schneller als in Deutschland üblich! Und bitte nur rechts stehen, links werden Sie überholt", werden wir durch die Sperren geschleust. Und schon diese erste Rolltreppe hat es in sich: Außer, dass sie sich mit einem rasanten Tempo in die Tiefe stürzt, ist sie auch noch unendlich lang, es dürften mindestens 100m sein! Im Untergeschoß angekommen, fühlen wir uns zuerst wie in einem unterirdischen Palast. Überall stuckverzierte Gewölbe, dazwischen Glasgemälde und Mosaiken. Auch die großen Leuchter an der Decke und an den Wänden würden gut in ein Schloss passen!

Vor einem Netzplan der Metro bekommen wir einige technische Daten vermittelt: 400km umfasst das Streckennetz, das seine Anfänge 1935 nahm und 1951 zu seiner offiziellen Eröffnung nahezu komplett war; die längste Rolltreppe sei 126m lang und der tiefste Bahnhof 84m unter der Oberfläche. Im Prinzip verbinden 12 Linien die Außenbezirke radial mit dem Zentrum, dazu kommen zwei Ringlinien, eine innere und eine äußere. Und dann kommt auch schon unsere Bahn. Sie ist äußerst pünktlich, was bei einem Takt von zwei bis drei Minuten eine echte Herausforderung ist. Aber die Russen sind sehr diszipliniert, das Ein- und Aussteigen funktioniert blitzschnell und ohne Zusammenstöße.

Unsere Fahrt dauert nicht lange, denn schon bei der nächsten Haltestelle steigen wir wieder aus. Auch dieser Bahnhof ist ähnlich pompös gestaltet, aber eben doch ganz anders: Hier dominieren die Farben gelb und weiß, wogegen der erste Bahnhof eher in hellgrau gehalten war. Auch die vielen Leuchter, eigentlich schon prächtige Lüster, sind zwar anders, aber auch in diesem Bahnhof alle im selben Stil. Über eine ähnlich lange Rolltreppe erreichen wir einen anderen Bahnsteig, auf dem wir nun in eine andere Richtung weiterfahren.

In dieser Station erwarten uns an jeder Ecke lebensgroße Bronzefiguren, manche stellen Soldaten dar, andere Handwerker oder Mütter mit Kindern. Hier herrschen die Farben rot und beige vor, und auch die Rolltreppen passen sich diesen Tönen an. Die Beleuchtung im klassischen Jugendstil ist auch hier sehr stimmig.

Im nächsten Bahnhof verlassen wir die Metro, nicht ohne eine großflächige Halle mit pilzförmigen Säulen in ihrer Mitte zu durchqueren. Als wir wieder ins Freie treten, ist es stockdunkel. Oder besser gesagt, es wäre stockdunkel, wenn nicht die Millionen kleiner Lämpchen die

Fußgängerzone mit einem Sternenhimmel überspannen würden. Wir stehen vor dem Kaufhaus GUM und wissen von unserer Stadtrundfahrt, dass es nicht weit zum Roten Platz sein kann. Und genau dorthin leitet uns unsere Führerin.

Welch ein Unterschied! Wo es heute Nachmittag fast kein Durchkommen gab, da der Platz großräumig abgesperrt war, verteilen sich diverse Menschengrüppchen nun auf seiner wieder zugänglichen Fläche. Auch wir kommen uns nahezu verloren vor und bestaunen die bekannten und gut beleuchteten Gebäude, die sich um den Platz verteilen: die Kreml-Mauer, das Lenin-Mausoleum, die Basilius-Kathedrale und diverse andere Kirch- oder Glockentürme. Eine Längsfront nimmt das GUM für sich in Anspruch, dessen Kanten und Fensterränder wieder mit unzähligen Lampen beleuchtet sind. „15 Minuten Freizeit! Die Toiletten sind in diesem Gebäude!", lautet die Parole unserer Reiseleiterin, und dabei zeigt sie in die Richtung eines der mehrheitlich roten und reich verzierten Gebäude.

Inzwischen haben wir unsere Freunde aus den Augen verloren, und so machen wir uns allein auf den Weg zu einer hell beleuchteten Kapelle in einer Ecke des Platzes. Die ‚Kasaner Kathedrale‘, eine kleine orthodoxe Kirche aus dem 17.Jh., lädt mit ihren offenen Türen zu einem Besuch ein. Traudl zieht ihr Tuch aus der Tasche und wirft es sich über den Kopf während wir eintreten, und auch diese kleine Kirche steht in ihrem Schmuck den großen Kathedralen in Nichts nach; Gold und farbenfrohe Ikonen wohin man schaut. Wir zünden drei dünne Kerzen im Gedenken an unsere Vorfahren an und erbitten für die junge Familie unseres Sohnes alles Glück der Welt. Dann eilen wir wieder zu unserem Treffpunkt, von wo es nur noch ein paar hundert Meter zu unserem Omnibus sind. Eine halbe Stunde später sind wir wieder auf der Alexander Borodin. Heute gibt es ausnahmsweise mal keinen Sundowner-Cocktail; dafür ist es schon zu spät.

Im Herzen Moskaus

Unser letzter Tag in Moskau, bevor es morgen wieder nach Hause geht! Deshalb steht auch ein Höhepunkt der Reise auf dem Programm: die Zentrale des russischen Reichs, der Kreml. Auf unserer Fahrt sind wir schon mehreren ‚Kremln' begegnet, denn in jeder Stadt werden die politischen und religiösen Zentren so bezeichnet, aber für uns ist nur der in der Hauptstadt der richtige. Bis wir in die Nähe des Kremls kommen, muss unser Bus erst wieder durch die halbe Stadt hindurchfahren. So kommen wir gleich nochmal in den Genuss einer Stadtrundfahrt. Vorbei an einigen kleineren Kirchen, die zumindest einen goldenen Zwiebelturm vorweisen können, und vorbei an der einen oder anderen großzügig angelegten Parkanlage, wirft uns der Busfahrer in der Nähe der Kremlmauer aus seinem Fahrzeug.

„Schau mal, die Pferde!" lässt sich Geli hinreißen, und deutet dabei auf eine mehrstöckige Brunnenanlage mit Figuren, Fontänen und Kaskaden. Das ist auch fast das Einzige, was Geli heute bis jetzt über die Lippen gebracht hat; sie hat wohl etwas Unpassendes gegessen oder getrunken und fühlt sich daher auch nicht recht wohl. Ob das Auswirkungen der Beeren sind, die wir am Straßenrand in Uglitsch gekauft und sofort verspeist hatten? Allerdings haben wir alle von diesen Beeren gegessen, und sonst hat auch niemand Probleme! Geli hatte auch nur kurz überlegt, ob sie an Bord bleiben sollte; aber schließlich will sie auch noch mehr von Moskau sehen.

Erst mal sehen wir den Kreml nur von außen. Die gepflegte Anlage ist an sich schon sehenswert, und als jetzt drei Soldaten in ihren schicken Gala-Uniformen im Gleichschritt vorbeieilen klicken alle Fotoapparate wie wild. „Das ist wohl die Wachablösung am Grab des unbekannten Soldaten" mutmaßt Rudi, denn dieses Ehrenmal ist nur vielleicht 100m entfernt. Dort halten zwei Soldaten vor ihren Glaswachhäuschen direkt an der roten Mauer die Stellung, und zwischen ihnen brennt eine helle Flamme.

Langsam werden wir zum offiziellen Touristen-Eingang in den Kreml geleitet. Langsam, denn unser Führer hat einen genauen Zeitpunkt für unsere Gruppe zugewiesen bekommen – vor 9 Uhr dürfen wir gar nicht ins Heiligtum eintreten. Aber ob wir das überhaupt pünktlich schaffen?

Auf der Zugangstreppe steht eine Schlange aus mehreren hundert Personen, jedoch drängt uns unser Reiseleiter zu riskanten Überholmanövern, bis wir vor der Sicherheitskontrolle stehen. Wie im Flughafen werden wir und unser Gepäck, sprich Handtaschen, Rucksäcke und Fotoapparate, gründlichst durchleuchtet. Dann wird uns gnädiger Weise der Zutritt an schwer bewaffneten Soldaten vorbei gestattet.

Gleich hinter dem Tor, durch das wir den Kreml betreten, sammelt unser Guide sein Grüppchen um sich und beginnt mit seinen Erläuterungen zu dieser Stadt in der Stadt. Wir stehen zwischen mächtigen Kanonen und einer kleinen Anlage, als … Platsch, platsch – der Regen einsetzt. Weit und breit ist kein Schutz zu sehen, und so packen wir hektisch unsere Schirme oder Regenmäntel aus. „Am Kreml-Palast gibt es ein Vordach!" Dank dieser Information machen sich einige aus unserer Gruppe im Eiltempo in Richtung des modernen Palasts aus weißen Marmorsäulen auf und laufen dabei quer über die wenig befahrenen Straßen. Aber sie werden sofort entdeckt! Eine Art Verkehrspolizist pfeift auf seinem Triller-Instrument was die Lungen hergeben. Jedoch keiner stört sich daran, der Drang nach einem Dach über dem Kopf ist stärker. Was denkt sich jetzt wohl der Polizist? ‚Diese Touristen! Können sich nicht an Regeln halten, und einen Respekt vor der Obrigkeit haben sie wohl auch nicht! Ob ihnen ein paar Wochen Sibirien gut täten?' Aber so schnell wie der Regen gekommen ist, so schnell ist er auch wieder vorbei.

Als erste verlassen die Asiaten wieder das schützende Vordach, dann folgen auch wir.

Nur Geli hängt mit Rudi etwas hinterher; es geht ihr leider wirklich nicht gut. Während wir anderen die wuchtige Zaren-Kanone bewundern und uns fragen, ob dieses Riesending jemals einen Schuss von sich gegeben haben kann, verschwindet Geli für ein paar Minuten für ‚kleine Mädchen‘. Als sie blass im Gesicht wieder zu uns stößt ist uns klar: für sie ist der Ausflug zu Ende. Zusammen mit Rudi wird sie nun versuchen, irgendwie zu unserem Schiff zurückzufinden.

Mit Irmgard, Manfred und natürlich Traudl schließe ich mich wieder der Gruppe an und wir wissen alle nicht so recht, ob wir die Schirme nun verstauen sollen oder sie noch gebraucht werden. Und das werden sie auch gleich wieder! Kaum erreichen wir die Zaren-Glocke, die es auch nie zu einem Einsatz gebracht hat, als es wieder regnet. Genaugenommen könnte sich unsere ganze Gruppe in der Glocke unterstellen, solche Ausmaße hat sie. Dummerweise brach während des wochenlangen Auskühlens des Gusses in der Gießerei ein Feuer aus, und als Folge davon brach ein kleines Stück der Glocke ab. Aber schon allein dieses ‚Stückchen‘ ist mehr als mannsgroß!

Um der Nässe etwas zu entgehen, stellen wir uns vor der ‚Uspenskij-Kathedrale‘ an. Ob diese Idee so gut ist? Denn inzwischen fließt das Wasser in Bächen über das Pflaster, auf dem wir auf unseren Einlass warten. Drinnen sind dann erst mal alle bemüht, die Schirme zusammenzuklappen und die Regenumhänge abzulegen. Dabei ist die Kirche wirklich ein Schmuckstück! Wir haben ja auf unserer Reise schon einige prunkvolle orthodoxe Gotteshäuser gesehen, aber diese Kirche ist noch prächtiger. Es gibt auch eine genaue Beschreibung der verschiedenen Motive, aber so viel Zeit bleibt uns auch hier nicht, um alles in Ruhe studieren zu können.

Als wir die Kirche verlassen, hat das Wetter anscheinend ein Einsehen mit uns; es ist zumindest wieder trocken. Wir müssen nun unbedingt noch den ‚kosmischen Baum' bewundern. Es ist eine Eiche, die 1961 von Juri Gagarin zwei Tage nach seinem ersten Weltraumflug gepflanzt wurde. Vorbei am ‚Senats-Palast', am ‚großen Kreml-Palast' und am Hubschrauber-Landeplatz nähern wir uns schließlich dem Ausgang aus dem Kreml zum ‚Roten Platz' hin. Jetzt können wir ihn auch mal bei Tag in seiner ganzen Größe bewundern. Jedoch sind nun wesentlich mehr Leute auf ihm unterwegs als noch gestern Abend. Basilius-Kathedrale, Uhrenturm, Lenin-Mausoleum und GUM, habe ich das nicht schon alles fotografiert? Macht aber nichts, ich kann ja später aussortieren. Jetzt wartet der Bus.

Weiß-Gold

Diesmal bringt uns der Omnibus jedoch nicht zum Schiff zurück, sondern zur vorletzten Sehenswürdigkeit unserer Reise, der ‚Christ-Erlöser-Kathedrale'. Und da es langsam auf die Mittagszeit zugeht, knurrt uns schon der Magen; er ist schließlich auf der ganzen Reise regelmäßig mit Arbeit versorgt worden. Wo bleibt jetzt der Nachschub?

Zum Glück wurden wir bereits beim Frühstück auf der Alexander Borodin mit Lunch-Paketen ausgestattet, kleinen weißen Köfferchen, deren Inhalt sich jetzt gleich offenbaren wird. Denn wir sind an einer Seite der kleinen Parkanlage ausgestiegen, auf deren anderen Seite die Kirche mit ihren goldenen Kuppeln zu uns herüberleuchtet. Und auf dem Weg dorthin gibt es viele Bänke zwischen den Blumenrabatten, die unmissverständlich zu einer Brotzeitpause einladen. Da wir Freunde nun ja nur noch zu viert unterwegs sind, reicht uns eine der Parkbänke und wir beginnen gleich, die Lunchpakete zu inspizieren: Zwei belegte Mini-Baguettes, ein Stückchen Kuchen, eine Banane, ein Schokoriegel, eine Mini-Flasche Wasser und ein kleines Saftpäckchen. „Hast du auch Wurst und Käse auf deinen Semmeln?", versucht die vegetarisch lebende Irmgard ihren Gatten zum Tausch zu überreden, und Manfred willigt gewohnheitsmäßig ein. Nach 20 Minuten sind die

Lunchpakete leer und der neben der Bank stehende Papierkorb dafür voll.

Noch ein paar Aufnahmen mit Rosen, einem kleinen Springbrunnen und einem Denkmal Zar Alexander II., und dann wird es Zeit, zum Treffpunkt vor der Christ-Erlöser-Kathedrale zu wandern. Und der ist mitten auf der Moskwa-Brücke vor der Kirche. Natürlich sind wir nicht die einzigen Touristen an diesem Brennpunkt, und so haben sich auch einige Gaukler, Musikanten und andere Leute eingefunden, die auf irgendeine Art versuchen, den Gästen die letzten Rubel aus der Tasche zu ziehen. So steht plötzlich neben uns ein Herr mit Fotoapparat, der uns unbedingt mit seinen zwei weißen Tauben auf den Armen ablichten möchte – gegen Bares natürlich. Mit uns macht er jedoch kein Geschäft. Unser Häuflein, zusammen mit dem Anführer von der Alexander Borodin, umrundet nun gemessenen Schrittes das Gotteshaus und wir erfahren einiges über die Entstehung des Gebäudes selbst, aber vor allem über die Bronze-Reliefs neben und über den diversen Türen. Wir? Also eigentlich alle außer mir selbst; ich hänge wie meistens einige Meter hinterher, denn für meine Fotos bleibe ich öfter stehen, aber nicht ohne immer wieder Blickkontakt zu meiner Frau zu halten.

Auf der anderen Seite der Kirche geht es schließlich in ihr Inneres. Und das gerade noch rechtzeitig, denn es fängt mal wieder zu regnen an! Der große Innenraum überrascht uns dann doch etwas: Wogegen die meisten der orthodoxen Kirchen ziemlich dunkel gehalten sind, dominiert hier Weiß als Grundton – und natürlich gibt es auch viel Gold. An der Stirnseite steht ein Gebilde wie ein kleiner Pavillon mit spitzem Dach, darunter der Prunkthron des Patriarchen der Kirche; ihm gegenüber zwei etwas kleinere, aber nicht weniger schöne Sitze für Zar und/oder Zarin. Alle anderen Gottesdienstbesucher mussten und müssen nach wie vor stehen. Dabei kann so eine Messe auch mal gut und gerne drei Stunden dauern!

Unser Begleiter macht uns auf eine Treppe aufmerksam, über die wir in die Unterkirche gelangen können. Von dort könnten wir direkt die Kathedrale wieder verlassen. In 20 Minuten treffen wir uns wieder am Eingang der Kirche. Das Untergeschoß des Gebäudes ist nicht weniger schmuckvoll ausgestattet, aber moderner und mit deutlich geringerer Deckenhöhe. Dafür sind weniger Besucher hier, und die wenigen beobachten eine Zeremonie in der Raummitte, wo sich ein Geistlicher und ein zivil gekleidetes Pärchen gegenüberstehen. Am Rande fotografiert eine Handvoll Leute das Geschehen, obwohl eigentlich keine Fotos in der Kirche erlaubt sind. „Ich glaube, dass ist eine Hochzeit!“, bemerkt Traudl zu mir im Flüsterton, und mir fällt auch nichts passenderes ein. Wir wollen die Zeremonie auch nicht weiter stören und suchen daher den Ausgang. Aber es regnet noch immer!

Also machen wir kehrt und drängen uns über die Treppe wieder nach oben; wir haben ja noch fünf Minuten bis zum vereinbarten Zeitpunkt. Aber dann müssen wir doch hinaus in den – strahlenden Sonnenschein! Wie schnell sich das Wetter hier doch ändern kann... Auch Irmgard und Manfred sind schon da, und Irmgard deutet auf eine Dame vor uns auf der Treppe: „Hast du diese Absätze gesehen?" Tatsächlich trägt die Dame Stilettos mit unglaublich hohen und ebenso dünnen Absätzen. Wie man damit nur gehen kann? Die armen Füße!

Am Ende wartet der Friedhof

Unsere Füße tragen uns ganz bequem zum Bus, denn es steht noch eine letzte Sehenswürdigkeit auf dem Programm: der Nowodewitschi-Friedhof oder Prominientenfriedhof. Nach einer weiteren kleinen Stadtrundfahrt erreichen wir ihn in einem Randbezirk von Moskau. Von außen macht er nicht viel her: eine rote Ziegelmauer, über die viele grüne Bäume emporragen, und ein von Grünspan gezeichnetes Tor. Aber der Zutritt ist nur nach Lösen einer Eintrittskarte erlaubt; unser Guide macht das für uns.

„Ist das nun ein Museum oder ein Friedhof?", wird aus der Gruppe gefragt, denn bei uns kosten Friedhöfe selbstverständlich keinen Eintritt. Aber auf diesem Friedhof kann inzwischen niemand mehr einen Ruheplatz für sich kaufen oder mieten; die wenigen noch verfügbaren Plätze werden ausschließlich von der Obrigkeit vergeben, und dann auch nur an Persönlichkeiten, die sich besonders um den Staat verdient gemacht hatten. Also fällt diese Sehenswürdigkeit eher in die Kategorie Museum. Dazu passen auch die Grabsteine, die meistens eine Darstellung des Werkes oder des Wirkens des oder der Verstorbenen sind.

Wir kommen am Grabmal von Andrei Tupolev vorbei, dessen Stein ein Relief eines Düsenjägers ziert. Die Tänzerin Jekaterina Maximowa wird durch einen weißen Stein mit einer Tänzerin im Tutu vertreten. Und auf Dimitri Schostakowitschs Stein findet sich eine Notenzeile mit den ersten Noten eines seiner Werke. Dass ein verdienter Gynäkologe ein Neugeborenes in den Händen hält, überrascht uns schon gar nicht mehr. Natürlich sind auch Politiker mit mehr oder weniger aussagekräftigen Denkmälern hier beigesetzt: Andrei Gromyko, Nikita Chruschtschow, Boris Jelzin und viele andere.

Die meisten Namen sagen uns Westeuropäer wenig. Dafür sind einige Grabmäler an sich schon eine Aufnahme wert. Zum Beispiel ein mannshohes weißes Marmorkreuz, dessen Balken durchbrochen und innen vollständig mit goldenen Mosaiksteinen ausgelegt sind. Das Grab eines erst kürzlich verstorbenen Star-Tänzers ist überschüttet mit Blumen, so dass wir seinen Namen gar nicht mehr lesen können; jedenfalls muss er ein vielverehrter Künstler in Russland gewesen sein. Und auch der Tod einer bekannten Sängerin kann noch nicht lange her sein; auch hier türmen sich noch frische Blumen auf dem Grab.

Und das war dann wohl Moskau für uns. Zum letzten Mal geht es zurück aufs Schiff, wo wir auch Geli und Rudi wieder treffen. Ihr geht es etwas besser, gut kann man aber noch nicht sagen. Dennoch gönnen wir uns noch einen letzten Cocktail, bevor wir schon mal anfangen, unsere Koffer zu packen. Die müssen gleich morgen Früh vor die Kabinentür gestellt werden, denn die hilfreichen Geister an Bord werden sie vor die Busse tragen. Und damit das auch funktioniert, erhalten wir Aufkleber für die Koffer mit unserer Busnummer, denn von Moskau aus gibt es ja nicht nur Flüge nach München, sondern auch nach Frankfurt, Dortmund, Berlin und wer weiß, wohin noch; und das zu unterschiedlichen Flug- und damit auch Abfahrtzeiten der Busse. Unsere Koffer bekommen die Nummer 5, und unsere Ausschiffung ist für 10 Uhr 30 vorgesehen. Wir können also noch gemütlich frühstücken.

Dann wird es auch Zeit für uns. An der Gangway verabschiedet uns der Kapitän persönlich, und auch die Dame vom Reiseveranstalter ‚Orthodox' wünscht uns eine gute Heimreise. Wir identifizieren unsere Koffer, die daraufhin im Bauch des Busses Numero 5 verschwinden. Anders als bei der Anreise am Flughafen, müssen wir die Koffer noch nicht einmal selbst verladen. Der gute Eindruck soll wohl durch nichts mehr getrübt werden!

Do svidaniya, Russland

Eine knappe Stunde später werden uns die Koffer wieder ausgehändigt; wir sind am Flughafen Scheremetjevo. Die riesigen Bildschirme geben uns schnell Auskunft darüber, wo wir unsere Koffer gleich wieder loswerden können: die Aeroflot-Schalter befinden sich ganz rechts im Terminal, eben dort, wo die längsten Schlangen stehen. Aber wir haben ja auch noch über zwei Stunden Zeit, bis unser Flug aufgerufen wird. Im Schneckentempo, aber wenigsten nahezu ohne Stillstand, nähern wir uns den Check-In-Schaltern. „Ob wir wieder fest zugewiesene Plätze bekommen?", rätselt meine Frau. Ich gehe mal davon aus, warum sollte es beim Rückflug anders sein als bei unserer Anreise? Bald darauf ist auch diese Frage geklärt: Ja, wir brauchen uns nicht um die Plätze kümmern, auch diesmal werden wir freie Sicht durch ein Fenster haben.

Vom Gepäck befreit, drängt sich die Frage auf: Was können wir noch in den zwei Stunden bis halb 3 Uhr unternehmen? Den Flughafen können wir nicht mehr verlassen, aber wir haben ja noch ein paar Rubel in der Tasche. Und ein Mittagessen haben wir diesmal auch nicht mitbekommen. „Sollen wir schon durch die Sicherheitskontrolle? Wer weiß, wie lange das hier dauert!" Manfred würde lieber auf ‚Nummer Sicher' gehen. Aber ob es hinter der Kontrolle noch Geschäfte oder einen Imbiss gibt? Zumindest gibt es hier einen

Infostand, und an den wende ich mich mit genau dieser Frage. Doch, auch hinter der Barriere gibt es solche Läden und Bars! Na, wenn das so ist, dann wagen wir den Schritt und betreten den Sicherheitsbereich.

Erstaunlicherweise geht es diesmal ganz unkompliziert. An den ersten Schaltern mit den inzwischen bekannten rot/grünen Ampeln stehen zwar ein paar Leute an, aber weiter hinten winkt uns eine uniformierte Dame zu sich und deutet auf weitere Schalter, die alle grüne Lämpchen haben. Ausweis mit Visum vorzeigen, selbiges wird eingescannt, mein Gesicht wird genauestens mit dem Passbild verglichen, dann geht auch die Ausgangsampel auf Grün. Innerhalb weniger Minuten sind wir sechs auch schon wieder komplett. Noch durch die Handgepäckskontrolle und durch die Leibesvisitation, dann haben wir selbst diesen Schritt geschafft. Offiziell sind wir nun schon gar nicht mehr in Russland!

Auch dieser Flughafen sieht hier nicht anders aus als bei uns zuhause: Viel Hektik überall, aber auch diverse Geschäfte mit Alkohol, Düften oder Verpflegungen reihen sich zwischen den Flugsteigen aneinander. Ein kleiner Stand mit vielerlei getrockneten Fleischstückchen als Snack für zwischendurch hat es mir angetan, und ich zähle mal mein restliches Barguthaben. Es würde reichen. Aber schauen wir erst mal weiter, was noch kommt. Und da kommt ein Automat mit etwas, was Rudi magisch anzieht: Astronautenkost – oder hier wohl eher Kosmonautenkost. In lauter gleichartigen silbernen Tüten wird alles angeboten, was zu einem anständigen Mahl gehört: von Suppen über Braten und Schnitzel zu allerlei Gemüsesorten und Getränken. Rudi steht lange davor und überlegt, aber er hat nicht mehr so viele Rubel in der Tasche. 450 kostet ein Paket, und ich habe genau noch 500. Aber er will partout meine Restdevisen nicht nehmen, vielleicht stellt er sich auch vor, wie die so verpackten ‚Delikatessen' schmecken würden. Dann gehe ich eben doch nochmal zu dem Stand mit Trockenfleisch zurück! Verhungern müssen wir damit vermutlich nicht mehr.

Schließlich kommt unser Flug zum Aufruf. Wir klettern in die fliegende Sardinendose und nehmen unsere Plätze ein. Ausgesprochen pünktlich rollt unsere Maschine zum Start in die Wolkendecke. Aber dazwischen gibt es doch immer wieder eine Gelegenheit, die Miniaturwelt unter uns zu beobachten. Es geht diesmal ja nicht über ein größeres Gewässer, und so ist die Orientierung nahezu unmöglich. Die Ortsschilder sind einfach zu klein!

Kaum haben wir die Reiseflughöhe erreicht, klärt uns der Pilot über Temperaturen, Höhe und Flugdauer auf. Zumindest vermuten wir das, denn zu verstehen ist es nicht, obwohl es ein bisschen nach englisch klingt. Aber dann kommt eine Flugbegleiterin vorbei und händigt jedem eine Menükarte aus! Überraschenderweise, denn eigentlich sind wir von unseren früheren Urlaubsflügen eher auf Sparverpflegung eingestellt. Wenn es eine belegte Semmel (= Brötchen) und einmalig etwas zu trinken gab, dann hatten wir das schon als Luxus eingestuft. Heute werden wir daher quasi verwöhnt: es gibt ein volles warmes Mittagessen, Getränke und später auch Kaffee und Tee.

„Stimmt ja, jetzt sitzen wir auch in einer ‚echten' Aeroflot-Maschine. Beim Hinflug war es ja offensichtlich eine ‚Billig-Tochter'", finde ich eine gute Begründung für die unterschiedliche Behandlung. Ob auch das wieder für einen guten und nachhaltigen Eindruck sorgen soll?

~.~

Wir sind wieder in Deutschland! Der Rest des Flugs verlief ohne besondere Zwischenfälle, und die Pass- und Zollkontrolle in München will nichts von uns wissen. Sogar unsere Koffer sind unbeschadet angekommen, wenn auch erst nach einer halben Stunde Wartezeit am Gepäckband. „Ob unser Transfer schon wartet?", ist die einzige Sorge, die mich jetzt noch plagt. Bereits mit dem Auftrag für die Taxifahrt von Augsburg nach München hatten wir auch schon die Abholung für den Rückweg bestellt und sogar vorab bezahlt. Kaum sind wir aus dem Sicherheitsbereich heraus, fällt mir ein Herr mit einem Schild in den Händen auf: Es trägt unsere drei Familiennamen! Es ist sogar der gleiche Fahrer, der uns vor zehn Tagen hier abgeliefert hatte.

Auf der Heimfahrt ist es ziemlich ruhig im Auto; irgendwie sind wir doch alle etwas geschafft. Erst als wir Augsburg erreichen, kommt wieder mehr Leben in uns. „Wie machen wir es nun mit den Fotos?", fragt Geli. „Wir geben sie einfach Herbert, der macht dann ein Fotobuch daraus!", klärt Manfred. Warum fragt eigentlich mich keiner? Habe ich denn sonst nichts zu tun? Aber ok, darüber hatten wir ja schon vor unserer Reise gesprochen und ich habe mich wohl nicht heftig genug gewehrt. „Aber eines müsst ihr schon dazu beitragen: Bitte schaut vorab eure Aufnahmen durch und sortiert schon mal ein bisschen aus. Ich will keine misslungenen und keine doppelten Fotos!", fordere ich die vier auf.

Dann heißt es erst ‚Adieu Geli und Rudi‘, schließlich auch ‚Tschüss Irmgard und Manfred‘. Zehn Minuten danach steigen auch wir aus.

~.~

Ein paar Tage später bringen mir die Freunde ihrer Bildersammlung vorbei. Mit meinen Aufnahmen zusammen sind es nicht weniger als 4500 Fotos! Und dabei hat Rudi schon einiges ausgemistet. Ich werde als nochmal eine scharfe Zensur vornehmen müssen, um unsere Reisedokumentation wenigstens auf zwei Fotobücher zu beschränken. Aber einen großen Vorteil hat die Erstellung von Fotobüchern doch: Man erlebt die ganze Reise noch einmal, und gerade die oft fremdartigen Ortsnamen bleiben doch besser in Erinnerung.

Und vielleicht schreibe ich mal ein Buch über unsere Reise – ach so, das habe ich ja gerade gemacht!

EXTRA

Vergleich See – Fluss

Dieser Vergleich ist nicht unbedingt repräsentativ, sondern er beruht ausschließlich auf unseren eigenen Erfahrungen und dem, was wir von Bekannten gehört haben; er ist also sicher sehr subjektiv.

Aber vielleicht stellt er eine kleine Hilfe bei der Entscheidung dar, welche Kreuzfahrt für Sie als Leser die Richtige sein könnte. Also berücksichtigen Sie bitte, dass diese Aufstellung keine Empfehlung ist, und auch keinerlei Gewähr für ihre Richtigkeit auf Ihrer künftigen Reise übernommen werden kann!

	See	Fluss
Art der Passagiere	auf großen Schiffen bunt gemischt, aber eher Fun-orientiert, auf kleineren Schiffen eher gesetzter	durchwegs ruhiger
Anzahl der Passagiere	überschaubar bis riesig	immer überschaubar
Reiseziele	Weltmeere und Küsten, meist mehrere Länder	Flüsse, Seen und Kanäle, oft in einem Staat, selten grenz-überschreitend
Schiffsgröße (Passagiere und Besatzung)	typisch 1000 – 7500	150 – 400
Ausstattung	je größer umso vielseitiger	meist gediegen, aber eher minimalistisch
Reisekosten pro Tag/Kopf (in Doppel-Außenkabine)	ca. 300 - 500 €	ca. 300 - 500 €

Sonderangebote	je nach Anbieter: Frühbucher-Rabatt, Hochzeits-Arrangements, Geburtstags-Nachlass	je nach Anbieter: Frühbucherrabatt, Hochzeits-Aarrangements, Geburtstagsnachlass
Sport-/Fitness	umfangreich (Geräte, Spa, Sauna, Yoga,...), meist Pool	wenig
Verpflegung	gut und reichhaltig, bei großen Schiffen mehr Auswahl an Restaurants	gut und reichhaltig, meist nur ein Restaurant
Verpflegungs-Typ	manchmal AI, sonst Vollpension (VP) oder VP mit Tischgetränken (VP+)	manchmal AI, sonst VP oder VP+
Ausflüge	in bestimmten Fahrgebieten wenige Ausflüge und/oder viele Seetage	meist mehrere Wahlmöglichkeiten, in bestimmten Fahrgebieten nur vorgegebene Ausflüge
Erholung	hoch bei Reisen mit Seetagen	eher gering

Bildung	Vorträge durch Lektoren an Bord, evtl. Sprach- und Bastelkurs, Bibliothek, informative Ausflüge	informative Ausflüge, seltener Veranstaltungen an Bord, evtl. Bibliothek
Unterhaltung (Kino, Theater, Spiele)	auf großen Schiffen sehr reichhaltig, auf kleineren ausreichend; gelegentlich Gast-Stars	gering bis ausreichend
Nebenkosten	meist für selbstgewählte Ausflüge, bei VP für Bargetränke	meist für selbstgewählte Ausflüge, bei VP für Bargetränke
Trinkgelder	oft festgelegte Trinkgeld-Pauschale	manchmal festgelegte Trinkgeld-Pauschale
An-/Abreise	Flug oft inkludiert, Bahn meist extra, manchmal eigenes Busangebot	Flug oft inkludiert, Bahn meist extra, manchmal eigenes Busangebot
ärztliche Versorgung	Schiffsarzt an Bord, bei großen Schiffen auch ein kleines Hospital	Schiffsarzt an Bord oder zumindest ausgebildetes Personal

Kabinen	Außenkabinen mit Bullaugen oder Fenster (nicht zu öffnen), oft Kabinen mit kleinem Balkon, größere Luxuskabinen, manchmal auch Innenkabinen	Außenkabinen mit Bullaugen oder Fenster, manchmal Kabinen mit französischem Balkon oder auch Luxuskabinen
Bordsprache	bei manchen Anbietern deutsch, meist englisch	gelegentlich deutsch oder landesspezifisch, meist englisch
Bordwährung	gelegentlich Euro oder Dollar, meist Bezahlung über Bordkonto und Abrechnung über ec-/Kreditkarte	gelegentlich Euro, Dollar oder Landeswährung, oft Bezahlung über Bordkonto und Abrechnung über ec-/Kreditkarte
Bekleidung	zu bestimmten Anlässen (Kapitäns-Empfang u.ä.) elegant, sonst sehr leger	zu bestimmten Anlässen sportlich-elegant, sonst eher leger

Bisher erschienen vom selben Autor

Zu Kreuze fahren

Der Ratgeber für Kreuzfahrer

Herbert Alt schildert anhand seiner Erfahrungen auf humorvolle Weise, wie Kreuzfahrt geht. Dabei beginnt die Reise nicht etwa erst an Bord, sondern schon mit der Entscheidung, wer für ein derartiges Abenteuer geeignet ist. Durch die vielen wirklich erlebten Anekdoten ist dieses Buch als leichte Lektüre auch noch nach einer Kreuzfahrt bestens geeignet.

ISBN 9-783746-012513

Zu Kreuze fahren

… an Norwegens Küste

Eine Kreuzfahrt kann sehr erlebnisreich sein; gerade dann, wenn es an der norwegischen Küste entlanggeht, wo man jeden Tag mehrere Häfen anläuft. Das Wetter schlägt Kapriolen, und die Landschaft ist atemberaubend. Der Autor berichtet von einer 11-tägigen Reise zum Nordkap mit vielen Überraschungen, die der Leser hautnah miterleben wird.

ISBN 9-783746-036014

Zu Kreuze fahren

… zwischen Kiel und St.Petersburg

Per Schiff zu den Metropolen der Ostsee. Vom etwas verschlafenen Mariehamn bis hin zum pulsierenden Helsinki, vom eher schlichten Tallin bis zum glanzvollen Sankt Petersburg, von der Lässigkeit in Lettland bis zum strengen Protokoll in Russland; unterschiedlicher können die Städte nicht sein.

ISBN 9-783746-097299

Zu Kreuze fahren

… rund um Westeuropa

Acht Länder – u.a. Frankreich, Spanien, Marokko, Portugal – können abwechslungsreicher nicht sein! Und vor allem der krasse Kontrast zwischen Europa und der afrikanischen Nordküste birgt viele neue Erkenntnisse auf dieser Kreuzfahrt. Aber selbst die naheliegenden Kanalinseln und die Kreidefelsen von Dover wirken wie aus einer anderen, faszinierenden Welt.

ISBN 9-783752-895926